GUIDE DES RISQUES PSYCHOSOCIAUX DES AVOCATS

PREMIERE EDITION
Octobre 2020

L'auteur du premier guide en français sur les risques psychosociaux des avocats, Vincent Ricouleau, est français et né en 1965 à Nantes. Il est actuellement professeur de droit au Vietnam et au Laos, Legal Counsel à Ho Chi Minh Ville, responsable de la cellule d'assistance juridique des citoyens français en Asie face à la Covid-19, directeur fondateur de la clinique francophone du droit au Vietnam. Il a exercé plus de 22 ans le métier d'avocat en France.

Il est titulaire du diplôme d'avocat (CFPA de Rennes), titulaire du diplôme universitaire d'urgences médico-chirurgicales (faculté de médecine Paris 5), du diplôme universitaire de psychiatrie (faculté de médecine de Paris 5), du diplôme universitaire d'évaluation des traumatismes crâniens (faculté de médecine de Versailles), du diplôme universitaire des traumatismes crâniens des enfants et des adolescents, et du syndrome des bébés secoués (faculté de médecine de la Sorbonne)

Pour le contacter :

avocat-expatriation@live.fr
@ricouleauvincen

1

AVANT-PROPOS

L'avocat numérique, féru d'algorithmes, talonné par l'intelligence artificielle, créateur et utilisateur de legaltechs, de start ups, nomade, voire même codeur, est annoncé pour un avenir très proche.

Evaluer les bouleversements économiques et sociaux générés par la Covid-19 reste toutefois stratégique, les modes d'exercice de la profession d'avocat risquant d'évoluer.

Cet avocat, encore traditionnel, très souvent muet sur ses problèmes de santé mentale et physique, confronté à la précarité de son statut, un avocat que certains souhaitent « augmenter », pourrait bien être à terme un avocat « diminué » si les risques psychosociaux (RPS) de la profession ne sont pas mieux connus et combattus.

On note parmi bien d'autres choses, dans le domaine des RPS, une multitude de sources, d'interlocuteurs, d'intervenants, d'organismes en tout genre, de théories très élaborées et une certaine marchandisation du secteur.

Tout le monde connait le burn out, la dépression, les troubles du sommeil, les troubles musculo-squelettiques, le stress, le suicide, les addictions, dont l'alcool, les drogues, les médicaments, le sport, le travail et j'en passe. La liste des RPS est bien longue !

Mais peut-on appliquer les théories générales très sophistiquées expliquant les RPS au métier d'avocat ou doit-on plutôt chercher la spécificité des RPS subis par cette profession ?

En fait, les modèles utilisés habituellement pour évaluer le stress professionnel, ne parviennent pas à cerner vraiment les déterminants de la détresse psychologique au travail, chez les professions issues de l'économie du savoir. La profession d'avocat en fait pleinement partie. Ces modèles évacuent, en effet, les conditions et les contraintes propres aux professions réglementées.

Beaucoup rétorquent que les RPS des avocats ne sont rien par rapport à ceux des médecins, des policiers, des pompiers, des militaires et bien d'autres métiers très exposés.

Yvette Hourigan, responsable du Kentucky Lawyers Assistance Program, déclare néanmoins "Being a physician has stress, howewer, when the surgeon goes into the surgical suite, to perform the surgery, they don't send another physician in to try to kill the patient."

Le sujet des RPS des avocats est iconoclaste et pourrait en plus desservir une profession dont l'image repose beaucoup sur le concept de puissance, de résistance et d'endurance.

Pourquoi fragiliser encore plus une profession en en dévoilant un aspect négatif ?

On rétorquera aussi que la profession d'avocat recèle en son sein des métiers différents.

L'avocat d'affaires polyglotte, le pénaliste, le fiscaliste, l'élu politique, le généraliste solo en milieu rural, le conciliateur, le stagiaire, le collaborateur, le salarié, le libéral, l'associé, le créateur, l'héritier, le repreneur, autant de configurations générant une panoplie et une palette de RPS, survenant à des moments différents et à des degrés divers.

N'y aurait-il pas néanmoins une souffrance commune entre les différentes formes d'exercice de la profession, certes, polymorphe et si différente suivant les pays ?

Naturellement que les RPS, subis par les avocats, évoluent suivant les époques et les pays. Entre la machine à écrire du passé, les mises en état occupant une mâtinée et la dématérialisation d'aujourd'hui, avec le RPVA, sans oublier les visioconférences, quels rapports ?

Mais la profession d'avocat, dans tous les pays, a aussi beaucoup de choses à se reprocher. Elle n'a pas su réagir aux atteintes aux droits fondamentaux de ses représentantes, notamment, préférant l'omerta.

Ainsi, le bouleversement provoqué par Me-Too, a contribué à mettre en exergue ce qu'endurent les avocates. Bien des RPS découlent du harcèlement de tout ordre mais aussi de toutes les formes de discrimination. Rien ne sera plus comme avant, du moins en France, nous dit-on car les poursuites ordinales et pénales pourraient se multiplier.

Ce premier guide sur les RPS des avocats a comme objectif de contribuer à l'étude du phénomène. Les thèmes sélectionnés peuvent tous faire l'objet d'un livre. Le but n'est donc pas d'être exhaustif, ce qui est impossible, mais de poser les premières fondations d'une synthèse.

Cet ouvrage n'est pas un travail universitaire ou une commande. Il est juste un état des lieux, fruit d'une opinion libre, d'un praticien connaissant de l'intérieur le métier tel qu'il est pratiqué en France, intéressé par la transversalité entre le droit et la médecine.

Ce guide n'est pas non plus une étude sur les enjeux et les mutations de la profession d'avocat, encore moins sur sa déontologie.

Les rapports de Henri Nallet sur les réseaux pluridisciplinaires et les professions du droit (1999), de Jean-Michel Darrois sur l'avocat en entreprise (2009), de Kami Haeri sur l'avenir de la profession d'avocat (2017), de Dominique Perben (2020) sont irremplaçables pour bien comprendre, à quel point la réflexion est dense et ancienne en France.

On relèvera toutefois que le thème des RPS n'est pas abordé dans ces rapports, ou au mieux, d'une manière très marginale.

Ce premier guide sur les RPS des avocats est par contre un regard croisé sur ce que font les avocats d'autres pays pour lutter contre les RPS. Observer ce qui se passe ailleurs et s'enrichir de pratiques nouvelles, voilà un des objectifs !

Ce guide permet aussi de prendre conscience que d'excellentes études, très complètes, ont déjà été menées sur le thème des RPS propres à la profession d'avocat. Le terrain est loin d'être vierge. Toutefois, une des difficultés est de réunir et d'exploiter les sources, très dispersées, dans des langues différentes et provenant d'écosystèmes culturels variés.

Les recherches publiées par la professeure canadienne Nathalie Cadieux, sous le thème "Etude des déterminants de la santé psychologique au travail chez les avocats québécois" sont parmi les plus importantes.

Nathalie Cadieux s'impose comme une excellente et probablement la plus grande spécialiste francophone des RPS des avocats. Nous commencerons d'ailleurs ce guide par rappeler les résultats de ses recherches.

La présentation de ce guide répond aussi à une simplicité et à une certaine efficacité. Chaque chapitre correspond à un thème ou à une situation propice aux RPS, avec un certain nombre de sources. Il a bien fallu faire un choix draconien sur les thèmes étudiés et n'en retenir que 42. Le lecteur approfondira ce qui lui paraît opportun et ne manquera pas de me contacter pour avoir des précisions et d'autres sources.

Bien sûr, les informations et suggestions contenues dans ce guide ne constituent que des pistes. Le praticien en fait ce qu'il veut et suivra les siennes.

Mais une chose est certaine, lire ce guide inculque certains réflexes et stimule la curiosité.

Si c'est le cas, l'objectif est atteint.

En attendant les prochaines éditions puisque ce guide sera complété chaque année.

C'est donc le début d'une veille et d'une réflexion, permettant, à terme, je l'espère, de progresser. Les RPS ne peuvent être une fatalité si des parades sont apportées.

Ce guide commence donc par le résumé des recherches de la professeure canadienne Nathalie Cadieux, travail très important nous permettant de comprendre la nature et la répartition des RPS. Savez-vous, par exemple, qu'au Québec, les avocats en droit de la famille sont les plus exposés aux RPS ?

Certaines actions du Barreau de Paris, du Royaume-Uni et des Etats-Unis sont ensuite précisées. Coup de projecteur notamment sur le travail de l'avocat californien Patrick Krill !

Mais l'urgence est de mettre l'effort sur la prévention et au plus tôt ! Comment protège-t-on les étudiants en droit, notamment français ?

Burn out, dépression, stress aigu, stress post-traumatique, suicide, brow out, blur out, troubles du sommeil, pour ne citer que ces troubles, les addictions à l'alcool aux médicaments, aux drogues étant aussi importantes, sont des RPS ravageant les avocats. Comment ces RPS se présentent-ils ? Mieux les connaître pour y faire face plus efficacement, un défi !

L'avocat doit aussi savoir se prémunir face aux problèmes psychologiques des clients au risque de majorer ses propres RPS !

Je rappelle également que la peine de mort existe dans nombre de pays. Comment l'avocat d'un condamné à mort résiste-t-il aux différents RPS ?

Concernant les avocats souffrant de handicaps, générant tant de RPS, quelles sont les actions mises en place, par exemple en France ?

Les discriminations de toute sorte, les harcèlements, le bullying génèrent des RPS d'une gravité exceptionnelle, faisant fi de tous les principes que les avocats défendent. Comment combattent les

Barreaux de Paris, du Québec, de Montréal toutes les formes de discrimination et le racisme systémique ?

J'explique le combat des avocats canadiens pour le respect de la diversité ethnoculturelle. Bradley D. Regehr, avocat, d'origine Cree, est devenu président de l'Association du Barreau Canadien ! Julie Philippe, avocate, est devenue la première juge au Québec d'origine autochtone. L'intiative BlackNorth est aussi lancée, brisant tous les tabous des RPS découlant du racisme systémique dans le secteur juridique !

Beaucoup d'avocats de pays démocratiques oublient trop facilement que le premier risque de l'avocat est d'être emprisonné et exécuté. Quels sont les multiples risques physiques encourus par les avocats, cibles des dictatures ?

L'avocat face aux médias et aux réseaux sociaux devra sans nul doute prendre conscience des RPS découlant d'une célébrité souvent éphémère mais destructrice.

Toute atteinte à l'image de la profession et aux conflits de valeurs créent des RPS durables et destructeurs. Il en va ainsi, en France, des détournements de fonds des CARPA mais aussi du rôle de certains avocats dans le dossier des Panamas Papers, notamment. Comment ne pas souffrir de cette image de pilleur et de blanchisseur véhiculée par certains avocats ?

Comment le Barreau de Paris, par exemple, s'organise-t-il pour éviter le blanchiment de l'argent par certains avocats ?

La technologie est un progrès mais une terrible menace. Comment le hacking, faute de protection efficace, peut-il encore générer de tels RPS dans la profession d'avocat ?

Concernant la santé physique, les ravages des troubles musculo-squelettiques sont à rappeler.

D'ailleurs, les documents uniques d'évaluation des risques professionnels sont-ils suffisants ? Couvrent-ils réellement tous les avocats ?

Ainsi, en pleine Covid-19 et de développement du télé-travail, n'est-il pas opportun de se pencher sur les évolutions du bureau de l'avocat ?

Devant la multitude de pratiques professionnelles, inhérentes à la pandémie, travailler le week-end génère-t-il certains RPS ?

En parlant de Covid-19, n'oublions pas non plus les répercussions sur l'organisation des examens d'avocat qui doivent se faire au Québec et aux Etats-Unis, en ligne, générant bien des problèmes.

Autre source de RPS, quand le juge est inconnu de l'avocat !

Alors comment se prémunir contre les dangers de tels RPS dont on voit la nature et la source si diverses ?

Peut-être est-ce utile de rappeler le coping et le repérage. S'éloigner volontairement des théories fondamentales des RPS pour coller aux réalités professionnelles de l'avocat, ne signifie pas ne pas les connaître.

Savoir refuser un dossier évite nombre de RPS mais le rôle de l'argent est si important ...

Par contre, force est de constater que les groupes Balint à destination des avocats pourraient se développer à leur grand profit.

Bien sûr, le mentorat et le counselling sont à conseiller. Le yoga sous toutes ses formes, mais aussi la méditation, restent des techniques incontournables pour se prémunir des RPS.

Et dernier chapitre très important, la reconversion des avocats. Car les RPS sont bien souvent à l'origine d'un changement de carrière ! Une reconversion choisie ou subie, telle est une des questions !

42 thèmes et de très nombreuses sources effleurant la problématique des RPS chez les avocats tellement le sujet est riche ! Derrière cette impression fugace de passer du coq à l'âne, la trame est malheureusement la réelle souffrance et la mise en danger de l'avocat !

15 octobre 2020

Vincent Ricouleau

UN ETAT DES LIEUX TRES COMPLET DES RPS DES AVOCATS DU BARREAU DU QUEBEC FAIT PAR NATHALIE CADIEUX

Ce guide ne saurait débuter, sans en toute priorité, rappeler les travaux de la professeure Nathalie Cadieux.

Le Barreau du Québec collabore, depuis mai 2015, avec Nathalie Cadieux, chercheuse principale et professeure agrégée du Département de management et gestion des ressources humaines de l'Université de Sherbrooke.

L'objectif est de mener une recherche sur les déterminants de la santé psychologique au travail chez les membres de l'Ordre.

Selon le rapport annuel du Barreau du Québec, datant de juin 2020, au 31 mars 2020, le nombre total de membres est de 28 065 dont 15 297 femmes et 12 768 hommes.

Le projet de recherche réalisé en partenariat avec le Barreau du Québec et financé par le FRQSC, poursuit deux principaux objectifs.

Le premier est de cartographier les contraintes et les ressources à l'origine de la détresse psychologique chez les avocats membres du Barreau du Québec aux niveaux micro, méso, et macro.

Le deuxième est de mieux comprendre les mécanismes par lesquels ces déterminants conduisent au développement ou à l'aggravation de la détresse psychologique chez les avocats ou inversement, agissent à titre de facteurs de protection avec les effets directs et indirects entre les contraintes, les ressources et la détresse psychologique au travail.

Ces recherches sont prévues du 1 septembre 2014 au 1 septembre 2020.

C'est la plus vaste étude réalisée au Québec auprès des avocats.

Plus de 2 500 d'entre eux y ont participé.

Le sondage comprenait près de 150 questions portant sur trois indicateurs de santé : la détresse psychologique, l'épuisement (burn out) et le bien-être.

Citons ci-dessous ce qui est publié sur le site du Barreau du Québec et accessible par tout praticien québécois ou autre avocat d'autres Barreaux.

Bien sûr, nous ne pouvons pas extrapoler complètement les résultats de ces études et résoudre les difficultés des avocats français ou autres, compte tenu des différences culturelles. Mais nous pouvons nous en inspirer pour une meilleure compréhension du phénomène.

D'abord, Nathalie Cadieux définit la détresse psychologique au travail.

"La détresse psychologique au travail doit être interprétée comme un état subjectif désagréable qui ne réfère pas à une pathologie spécifique, mais qui se définit plutôt comme un ensemble de symptômes, s'apparentant tantôt à l'épuisement professionnel, tantôt à la dépression, allant de l'état de fatigue à l'irritabilité, en passant par les troubles anxieux, troubles du sommeil, problèmes de concentration, etc.

Cela ne signifie pas nécessairement que la personne est malade.

La détresse réfère à un signal d'alarme précoce qui émerge lorsqu'une personne a de la difficulté à s'ajuster aux stresseurs auxquels elle est exposée.

57 % des avocats ne se déclarent pas en détresse psychologique Tandis que 43 % se déclarent en détresse psychologique.

La proportion de détresse psychologique observée est supérieure chez les femmes (44,2 %) comparativement aux hommes (39 %).

Toutefois, les jeunes hommes sont proportionnellement plus nombreux à vivre une détresse importante.

Les proportions de détresse sont significativement plus élevées chez les avocats ayant dix ans ou moins de pratique (49,9 %) comparativement à celles observées chez les avocats plus expérimentés (36,7 %) ».

Précisons que le rapport du Barreau du Québec, datant de juin 2020, précise, que en moyenne, les membres comptent 18,2 années de pratique dont 15 ans pour les avocates et 22 ans pour les avocats.

Reprenons les éléments publiés sur le site du Barreau du Québec.

« Les avocats, exerçant en droit des affaires, commercial et corporatif, en droit de la famille et en litige, sont les plus exposés à la détresse psychologique avec des proportions de détresse, avoisinant les 50 %, pour ces différents champs comparativement aux autres champs.

La proportion de détresse psychologique apparaît également plus importante dans le secteur privé, comparativement au secteur public et au secteur des entreprises.

L'épuisement, mesuré dans le cadre de l'étude, réfère à un état de fatigue et d'épuisement physique, émotionnel et mental résultant des sphères individuelle (épuisement personnel), organisationnelle (épuisement professionnel) et relationnelle (épuisement relationnel).

On constate que c'est l'épuisement professionnel qui domine.

Les proportions d'épuisement personnel, professionnel et relationnel sont les suivantes :

32,8 % : épuisement professionnel
27,2 % : épuisement personnel

15,7 % : épuisement relationnel-clients

Les jeunes membres du Barreau de 10 ans ou moins de pratique sont proportionnellement plus touchés par l'épuisement (22,4 %) comparativement à leurs confrères, ayant plus de 10 ans d'expérience (16,5 %). Il en est de même pour les femmes (20,7 %) comparativement aux hommes (15,9 %).

Le secteur privé est le plus exposé à l'épuisement ainsi que les champs du droit de la famille, du droit criminel et pénal ainsi qu'en litige.

Voici les proportions d'épuisement observées selon le secteur d'activité :

17,2 % public
22,8 % privé
15,2 % entreprise

Voici les proportions d'épuisement observées selon le champ de pratique :

Droit administratif et gestion : 13,1 %
Autres champs de pratique : 14,6 %
Droit du travail : 15,9 %
Droit des affaires, commercial et corporatif : 19,7 %
Droit civil : 19,8 %
Droit du litige : 23,1 %
Droit criminel et pénal : 29,2 %
Droit de la famille : 29,7 %

Notons le droit de la famille et le droit criminel et pénal, en tête.

Le bien-être ne doit pas être perçu comme l'opposé de la détresse psychologique. Certaines personnes peuvent vivre une détresse importante, mais également connaître un certain bien-être dans leur travail.

Ces deux concepts sont complémentaires pour comprendre la santé psychologique au travail.

Le bien-être comprend une dimension affective et cognitive. Il est mesuré à travers trois principales dimensions : la sérénité, l'engagement au travail et l'harmonie sociale.

Les jeunes, ayant 10 ans ou moins d'expérience, sont ceux qui connaissent les niveaux de bien-être les plus faibles.

De la même manière, ce sont les avocats qui exercent en pratique privée, en litige et en droit de la famille qui présentent les moyennes de bien-être les plus faibles.

Quels sont les facteurs de risque ou de protection ?

On observe que certains facteurs sont plus susceptibles d'augmenter significativement la détresse psychologique, l'épuisement et le bien-être, alors que d'autres les réduisent significativement.

Augmentent significativement la détresse psychologique, les stresseurs liés à la profession règlementée, la technologie, l'insécurité d'emploi, les demandes émotionnelles, le conflit travail-famille, le centre de contrôle externe, le tabagisme.

Réduisent significativement la détresse psychologique les opportunités de carrières, l'âge, la cohérence des valeurs personnelles avec celles de l'organisation, l'estime de soi.

Augmentent significativement l'épuisement, les stresseurs liés à la profession règlementée, la technologie, la surcharge de travail quantitative, la surcharge de travail qualitative, les demandes émotionnelles, le fait de devoir atteindre un objectif d'heures facturables, le conflit travail-famille, être en couple, être une femme, un centre de contrôle externe.

Réduisent significativement l'épuisement les relations harmonieuses avec les clients, les opportunités de carrière, l'utilisation des compétences, l'âge, la cohérence des valeurs personnelles avec celles de l'organisation, l'estime de soi.

Augmentent significativement le bien-être, les relations harmonieuses avec les collègues, la reconnaissance au travail, les opportunités de carrière, l'insécurité d'emploi, la surcharge quantitative de travail, le soutien social hors travail, l'âge, la cohérence des valeurs personnelles avec celles de l'organisation, l'estime de soi.

Réduisent significativement le bien-être, la technologie, les demandes émotionnelles, le fait de devoir atteindre un objectif d'heures facturables, le manque de ressources au travail, le conflit travail-famille, un centre de contrôle externe.

Le centre de contrôle fait référence aux croyances d'un individu quant au contrôle qu'il exerce eu égard aux événements importants de sa vie.

Plus spécifiquement, les individus, ayant un centre de contrôle externe, croient que les événements qui se produisent dans leur vie sont fonction de la chance, du hasard, du destin, bref, de forces externes à eux et indépendantes de leur volonté ».

Cette étude de la professeur Nathalie Cadieux qui devrait être beaucoup mieux diffusée notamment en France, aura des retombées importantes pour le développement de la profession d'avocat et la santé des membres des Barreaux du Canada mais aussi pour d'autres Barreaux dans le monde.

Rappelons certains autres travaux de recherche effectués sous la direction de Nathalie Cadieux, notamment ceux d'Annie Gladu-Martin.

Annie Gladu-Martin a soutenu en juin 2016 à l'université de Sherbrooke, un mémoire sous la direction de Nathalie Cadieux, intitulé "Les facteurs de risque et de protection sociaux, individuels, organisationnels et hors travail au stress et à la détresse psychologique chez les avocats membres du Barreau du Québec".

Voici le résumé du mémoire tel que l'auteure l'a rédigé et des précisions sur la méthodologie adoptée.

"Depuis 20 ans, les demandes adressées au Programme d'Aide aux Membres du Barreau (PAMBA) sont en constante progression, passant de 120 demandes traitées annuellement en 1996, comparativement à 1 157 demandes en 2016 (PAMBA, 2006, 2016).

Ces demandes concernaient notamment la dépression, l'anxiété, le stress, la toxicomanie et l'alcoolisme.

En plus de ces problématiques, il s'avère que les avocats présenteraient une proportion plus élevée de dépression, d'alcoolisme, de toxicomanie et de suicide que les autres professionnels (Hill, 1998).

Parallèlement, les modèles actuels en stress professionnel (Bakker & Demerouti, 2007, Demerouti, Bakker, Nachreiner, Schaufeli, 2001, Karasek, 1979, Karasek et Theorell, 1990, Siegrist, 1996) parviennent difficilement à cerner la complexité des déterminants de la détresse psychologique au travail chez les professions issues de l'économie du savoir dont font partie les avocats.

En effet, les modèles traditionnels en stress professionnel évacuent les conditions et les contraintes propres aux professions règlementées.

De plus, très peu d'études ont été réalisées chez les avocats, et aucune n'a été menée au Québec (Nathalie Cadieux est en train de combler cette lacune).

Ce mémoire a pour but principal d'identifier les facteurs de risque et de protection qui influencent le stress et la détresse psychologique chez les avocats membres du Barreau du Québec.

Ainsi, la présente recherche qualitative, de type descriptive et exploratoire, a permis de cartographier les facteurs de risque et de protection au stress et à la détresse psychologique, de cartographier les manifestations physiques, psychologiques et comportementales, découlant du stress et de la détresse et finalement, de préciser les déterminants susceptibles d'influencer la détresse psychologique chez les avocats du Québec à partir d'un modèle conceptuel de départ, inspiré du modèle de Marchand (2004).

Pour ce faire, 22 entrevues semi-dirigées ont été menées en Estrie et dans le Grand Montréal auprès de femmes et d'hommes provenant du secteur public ou privé.

Une analyse du contenu thématique des données, s'inspirant de méthodes propres à la théorisation ancrée, fut réalisée à l'aide du logiciel QDA Miner.

Prenant appui sur le modèle théorique général d'analyse de la santé mentale de Marchand (2004), l'analyse des résultats a permis d'identifier et de classer hiérarchiquement 158 facteurs de risque et de protection, selon les niveaux macro, micro et méso.

Il en ressort que la culture professionnelle (macro) de même que les demandes psychologiques, émotionnelles et contractuelles (méso) sont les catégories ayant le plus d'importance dans l'explication du stress et de la détresse psychologique chez les avocats du Québec.

Ainsi, la culture professionnelle a principalement trait à la compétitivité dans le milieu juridique et aux impératifs professionnels liés à la performance.

Les demandes psychologiques concernent particulièrement la surcharge de travail et d'urgences, de même que la complexité des dossiers, alors que les demandes émotionnelles ont trait, notamment, à la charge émotive importante envers le client et à la difficulté d'établir un détachement personnel vis-à-vis des dossiers traités.

Enfin, les demandes contractuelles sont le type de demandes comportant le plus de facteurs, dont la majorité constitue des facteurs de risque pour la santé mentale des praticiens interrogés.

Elles concernent principalement les longues heures de travail, les heures facturables et la facturation ainsi que la méthode d'évaluation de rendement se basant principalement sur les objectifs d'heures facturables dans le secteur privé.

Il est également ressorti que le genre et le secteur de pratique (privé ou publique) influenceraient les stress et la détresse psychologique ».

Le mémoire de recherches datant de mai 2020 de Martine Gingues apporte également beaucoup et démontre la volonté de comprendre l'origine et le fonctionnement des RPS chez les avocats, hommes et femmes, avec leurs spécificités.

« Sur la base de données récoltées dans la recherche portant sur les déterminants de la santé mentale des avocat(e)s québécois(es) (Cadieux et al., 2019), une étude a été réalisée pour tenter de répondre aux questions suivantes :

Quels sont les déterminants de la détresse psychologique chez les femmes avocates membres du Barreau du Québec, et ce, comparativement à leurs homologues masculins ?

Quelle est la contribution spécifique (directe et indirecte) du modèle d'affaires axé sur les heures facturables dans l'explication de la détresse psychologique des femmes et des hommes avocat(e)s québécois(es) ?

L'échantillon retenu pour cette étude est composé de 626 femmes avocates et de 246 hommes avocats membres du Barreau, tous des membres ayant participé à la recherche sur les déterminants de la santé mentale des avocat(e)s québécois(es) (Cadieux et al. 2019).

L'étude a fait l'objet d'un mémoire de maîtrise en intervention et changement organisationnel présenté par madame Martine Gingues à l'Université de Sherbrooke en mai 2020.

Voici le résumé des recherches de Mme Martine Gingues tel que l'auteure l'a rédigé.

"La santé psychologique au travail est un enjeu qui préoccupe de plus en plus les organisations. Les problèmes de santé mentale représentent 4 à 12 % des coûts salariaux, soit 2,8 % du PIB, soit 55 % des coûts totaux des PAE, soit 14 % du profit annuel net des entreprises.

La détresse psychologique est caractérisée par un ensemble de symptômes psychophysiologiques et comportementaux qui ne fait pas référence à une pathologie spécifique.

Quelques symptômes de la détresse psychologique sont les troubles anxieux, l'irritabilité, l'insomnie, la consommation excessive d'alcool, de drogue ou de médicaments, les problèmes de concentration, la perte d'appétit.

Les avocat(e)s ne font pas exception à la règle quant au fait de vivre des problèmes de santé mentale au travail.

Selon l'étude portant sur les déterminants de la santé mentale des avocat(e)s québécois(es) publiée en 2019 :

43 % des avocat(e)s québécois(es) vivraient de la détresse psychologique.

19 % des avocat(e)s québécois(es) seraient en situation d'épuisement.

D'autres études avaient établi que les avocat(e)s sont six fois plus à risque de se suicider, trois plus à risque de souffrir d'une dépression, trois fois plus susceptibles de devenir alcooliques ou toxicomanes.

Dans le contexte d'une profession fortement féminisée, les femmes représentent 54 % des membres et où la culture de la profession est ancrée dans une tradition encore fortement masculine et hiérarchisée, la santé mentale des avocates devrait aussi être une préoccupation.

Les femmes avocates sont trois plus susceptibles d'abandonner le droit et de quitter la profession, sont cinq fois plus susceptibles d'accepter un emploi moins stressant, moins rémunérateur et moins satisfaisant, uniquement pour survivre, vivraient plus de violence au travail (par exemple, communication et approche inappropriée, menace, attention sexuelle non désirée).

Dans l'étude, la détresse psychologique des avocat(e)s est analysée dans une perspective multidimensionnelle de la santé, c'est-à-dire en considérant un ensemble de sphères de la vie d'un individu, soit les sphères organisationnelle, familiale et individuelle.

Selon le rapport portant sur les déterminants de la santé mentale des avocat(e)s québécois(es) (Cadieux et al., 2019), bien que les femmes ne vivraient pas davantage de détresse psychologique que les hommes, la présente étude a permis d'établir que plusieurs mécanismes - facteurs de risque et de protection - qui mènent à la détresse psychologique, diffèrent selon le sexe.

Certains facteurs de risque et de protection sont communs aux deux sexes, tandis que certains facteurs n'expliquent la détresse psychologique que pour les femmes ou que pour les hommes.

L'impact de la facturation horaire

Le modèle d'affaires, basé sur les heures facturables, demeure le plus répandu au sein des cabinets d'avocat(e)s : 84 % des revenus des avocat(e)s qui travaillent en cabinet privé, en Amérique du Nord, proviennent d'un modèle de tarification basé sur les heures facturables.

Selon des études, ce modèle d'affaires serait toutefois plus susceptible de générer de la détresse psychologique chez les avocat(e)s, comparativement à un autre milieu de travail non aligné sur les heures facturables.

Les heures facturables représentent 50 à 70 % des heures réellement travaillées, ce qui entraîne un décalage entre les heures facturées et les heures réellement travaillées.

Elles sont susceptibles de générer de la détresse psychologique, et ce, particulièrement pour les femmes. Elles entraînent des risques au niveau éthique. Elles entraînent la perte d'avocat(e)s avec des compétences recherchées (p. ex., intelligence émotionnelle élevée, habiletés de communication et de négociation).

Quels sont les impacts directs et indirects des heures facturables et quelles sont les différences hommes-femmes ?

L'impact direct des heures facturables signifie que le modèle d'affaires lui-même est susceptible de générer de la détresse psychologique, c'est-à-dire, que le simple fait d'œuvrer dans un modèle d'affaires, axé sur les heures facturables, est susceptible de générer de la détresse psychologique.

L'impact indirect signifie, que le fait d'œuvrer dans un modèle d'heures facturables ne conduit pas lui-même à générer de la détresse psychologique, mais c'est plutôt la multiplication avec un autre stresseur, qui peut venir générer de la détresse ou au contraire l'en protéger.

Cela dit, le contexte (le fait d'œuvrer dans un modèle d'heures facturables) viendrait influencer l'intensité de la relation entre un stresseur (p. ex., insécurité d'emploi) et la détresse psychologique.

Seules les femmes subissent un impact direct des heures facturables. L'étude a permis de faire ressortir le fait que les femmes qui œuvrent dans un modèle d'heures facturables seraient plus susceptibles de vivre de la détresse psychologique, et ce, comparativement aux femmes, ne vivant pas dans un tel modèle.

Pour les hommes, le fait d'œuvrer dans un modèle d'heures facturables, ne semblait pas générer davantage de détresse psychologique.

Dans un modèle d'heures facturables, les relations harmonieuses avec les collègues pourraient avoir un effet protecteur sur la santé psychologique des femmes.

Par contre, les femmes qui œuvrent dans un modèle d'heures facturables et qui reçoivent du soutien de leur superviseur, seraient plus susceptibles de vivre de la détresse psychologique que celles n'œuvrant pas en contexte d'heures facturables.

Pour expliquer ce constat, il est possible de penser que le fait d'avoir un soutien du superviseur, soit, ajoute une pression supplémentaire au fait de devoir répondre aux exigences liées aux heures facturables, soit, génère une crainte de décevoir lorsque les objectifs ne sont pas atteints ou alors qu'un suivi serré de la part des associés, concernant l'atteinte des objectifs d'heures facturables, pourrait contribuer au fait de vivre de la détresse psychologique.

Le fait d'œuvrer dans un modèle d'affaires axé sur les heures facturables exacerberait l'effet du sentiment d'insécurité d'emploi sur la détresse psychologique chez les femmes.

L'autorité décisionnelle permettrait de réduire l'effet délétère des heures facturables chez les hommes qui œuvrent dans un modèle d'heures facturables.

Ainsi, le fait d'avoir une marge de manœuvre dans l'organisation et dans l'exécution de ses tâches, pourrait donc diminuer le cadre restrictif lié au modèle d'heures facturables et incidemment, diminuer la détresse psychologique ressentie.

Cependant, les opportunités de carrière engendreraient une détresse significativement plus élevée lorsque l'on considère l'effet multiplicatif des heures facturables.

Il est logique d'expliquer ce phénomène par le fait qu'avoir des opportunités de carrière ou la possibilité d'accéder à un poste d'associé vient avec une pression accrue dans la performance, ce qui peut générer une détresse supplémentaire.

Cette pression accrue pourrait notamment se traduire par de plus longues heures de travail.

Au-delà des facteurs organisationnels ressortis comme étant significatifs, les résultats tendent à démontrer le poids important de la sphère familiale et de la sphère individuelle dans la compréhension des dynamiques entourant la détresse psychologique au travail.

Conséquemment, les organisations doivent développer davantage d'interventions dans une perspective holistique de la santé, c'est-à-dire en voyant la personne comme un tout multidimensionnel dont les différentes sphères de vie tendent à s'appuyer mutuellement.

Ce n'est pas seulement le travail qui est responsable, ni la famille, mais bien un cocktail particulier de contraintes et de ressources avec lesquelles l'individu doit composer avec ses propres forces, ses propres compétences, etc.

Cependant, il est intéressant de noter que la présente étude a fait ressortir plusieurs variables organisationnelles (demandes émotionnelles, reconnaissance, insécurité d'emploi et cohérence des valeurs pour les femmes et relations sociales avec le superviseur, insécurité d'emploi et demandes émotionnelles pour les hommes) qui restent significatives même en tenant compte des variables hors travail et individuelles.

Il est donc possible de croire que ces variables jouent un rôle majeur dans l'explication de la détresse psychologique".

Au terme de ces très brefs rappels sur leur travail, Nathalie Cadieux, Annie Gladu-Martin et Martine Gingues se distinguent vraiment par la qualité de leurs recherches. Précisons les actions des Barreaux du Québec et de Montréal.

LE BARREAU DU QUEBEC A MIS EN PLACE LE PROGRAMME D'AIDE AUX AVOCATS : LE PAMBA

Le programme d'aide aux membres du Barreau du Québec s'appelle le PAMBA. Il a été lancé le 1 avril 1996 suite à une résolution adoptée le 11 juin 1994 par l'Assemblée Générale du Barreau.

Dans les années 80, parmi d'autres actions, un groupe d'entraide nommé Juri Secours, composé de bénévoles aidait les praticiens en difficulté avec l'alcool.

Le programme Pamba traite de tous les domaines liés à la santé mentale, du stress, du burn out, de la dépression, des addictions, etc...

Au cours de ses dix premières années d'activités, le Pamba a traité 2808 demandes d'aide et de consultation.

Les conjoints des membres du Barreau, les magistrats, les étudiants et les stagiaires de l'école du Barreau peuvent aussi solliciter une aide.

Le Pamba peut être joint 365 jours sur 365, 24 h sur 24. Il se veut un recours efficace, omniprésent.

LE PROGRAMME EN-TETE DU BARREAU DE MONTREAL

Le Barreau de Montréal a mis en place un programme "En-Tête pour un juste équilibre" avec des capsules vidéo, faites par la psychologue Rose-Marie Charest.

En lançant sa campagne "En-Tête pour un juste équilibre", le Barreau de Montréal souhaite briser les tabous en matière de santé mentale. Il souhaite sensibiliser les praticiens à l'importance de préserver un juste équilibre et non stigmatiser.

N'oublions pas le mentorat (étudié dans un autre chapitre) organisé aussi par le Barreau de Montréal, répond à d'autres besoins mais joue un rôle dans la santé psychologique.

Le projet Répit permet aussi aux avocats, en arrêt de travail pour des raisons de santé mentale, de demander une aide financière, afin de payer leurs charges professionnelles, le temps de quelques semaines. La Covid-19 pourrait majorer certains problèmes de santé mentale.

LA CAMPAGNE EN-CORPS DU BARREAU DE MONTREAL

Le rapport du Barreau de Montréal de 68 pages, datant de mai 2020, intitulé « le public au cœur de notre mission » rappelle, page 49, la création de la campagne En-Corps.

Reprenons ce qui est publié sur le site du Barreau de Montréal.

"Le comité a également travaillé à la création de la campagne En-corps qui s'intéressera à la santé physique des avocats. Cette campagne sera réalisée en collaboration avec le Dr Martin Juneau, directeur des services professionnels, de la prévention et de la réadaptation cardiovasculaire à l'Institut de cardiologie de Montréal (ICM).

La formule de « En-corps » sera semblable à celle de « En-tête » et offrira sept capsules d'une durée de quatre à six minutes, qui porteront sur les sujets suivants :

Exercice : comment il suffit d'une petite quantité d'exercices chaque jour pour avoir un grand impact sur la santé. Une kinésiologue de l'ICM fournira également des exemples d'exercices faciles à mettre en pratique dans notre milieu de travail.

Alimentation : un survol des tendances actuelles et des obstacles que nous rencontrons dans la mise en pratique de saines habitudes.

Stress et sommeil : comment ils influencent négativement les risques de développer des maladies chroniques.

Habitudes de vie : comment de mauvaises habitudes de vie entraînent un déclin cognitif précoce, et, inversement, comment de saines habitudes peuvent préserver les capacités cognitives.

Problèmes de santé : comment des problèmes de santé chroniques comme le diabète, le cholestérol et l'hypertension, sont minimisés et banalisés, car l'industrie pharmaceutique a développé des molécules qui permettent de les traiter.

Les ressources et outils offerts par le Centre Épic et l'Observatoire de la prévention de l'Institut de Cardiologie de Montréal seront mis de l'avant, tout comme diverses initiatives du comité de relations avec les membres, afin d'encourager la communauté juridique à bouger et investir dans sa santé".

L'intervention de l'honorable Clément Gascon dans les actions contre les RPS menées par le Barreau du Québec

Le Barreau du Québec a également demandé à l'honorable Clément Gascon, ancien juge redevenu avocat, d'intervenir.

Le plus jeune Bâtonnier de l'histoire du Barreau du Québec, Paul-Matthieu Grondin, rappelle que l'honorable Clément Gascon, participe au comité spécial pour aider à améliorer le bien-être psychologique des avocates et avocats du Québec.

Le parcours professionnel et les problèmes médicaux de Clément Gascon sont expliqués dans le chapitre de ce guide sur la dépression.

Le Barreau du Québec s'est vraiment engagé dans une campagne de déstigmatation des problématiques de santé mentale dans la profession.

C'est une campagne qui a été prévue pour démarrer au printemps 2020. Le Bâtonnier Grondin est d'ailleurs à la recherche d'avocats et de juristes de tous horizons, afin de partager leurs expériences personnelles.

Ces expériences personnelles seront partagées dans des capsules diffusées par les médias sociaux.

Il est intéressant de mentionner un sondage effectué par le Barreau de Montréal, en ces temps de pandémie planétaire.

L'objectif est de s'organiser lors du confinement. Mais les réponses concernent aussi le travail à domicile d'une manière globale.

Voici quelques réponses des membres du Barreau de Montréal à la question :
Quels sont vos trucs pour être efficace en confinement ?

"Se faire un horaire de travail et un plan des dossiers en cours, allant du plus au moins urgent, sur une base quotidienne. S'habiller comme si on s'en allait travailler au bureau le matin. Prendre des marches et faire de l'exercice. Changer d'environnement de temps en temps, afin d'avoir un regain de productivité. Aménager un coin bureau confortable, dédié au travail et équipé avec tout le matériel nécessaire, idéalement dans un endroit qui est à l'abri des distractions.

Se tenir debout lors des conversations téléphoniques. Prendre régulièrement des pauses. Prendre soin de sa santé. Utiliser l'application *Forest* qui permet de bloquer toute activité sur son cellulaire, afin d'éviter les distractions. Écouter de la musique sans paroles. Boire du café. Utiliser un gestionnaire de tâches électroniques, tel qu'*Asana*. Rester en contact avec son équipe par visioconférence. Se familiariser avec de nouveaux logiciels, tels que Google Docs et Google Drive, afin de faciliter le travail avec son équipe. Attribuer des plages horaires à son agenda pour gérer certains dossiers. Ceci aide à gérer les enfants à la maison et l'horaire de son (sa) conjoint(e).

Les actions de l'Association du Barreau Canadien (ABC) :

Cheryl Canning est présidente du forum mieux être de l'Association du Barreau Canadien, l'ABC.

Plusieurs initiatives de l'ABC sont à signaler.

Le forum mieux-être de l'ABC offre un cours, "La santé mentale et le bien-être chez les membres de la profession juridique", qui compte pour six heures de formation continue. Le but : offrir aux juristes, aux juges et aux étudiants en droit, une formation, un soutien, et des ressources pour les aider à comprendre les problèmes de santé mentale et de toxicomanie".

La campagne "Concilier droit et mieux-être pour ..." est une campagne photographique d'envergure nationale qui invite les juristes des quatre coins du pays à réfléchir sur les raisons pour lesquelles le mieux-être est important pour notre profession. Cette initiative est celle prise par le comité de sensibilisation à la santé mentale de la section des jeunes juristes de l'ABC. La campagne utilise le mot-clic #ConcilierDroitEtMieux-ÊtrePour (en anglais : #LawNeedsWellBeingBecause).

La campagne vise à normaliser les conversations autour de la santé mentale et à inciter les juristes à bien prendre soin d'eux-mêmes.

« Cette campagne photographique s'inspire de deux campagnes antérieures très bien réussies. La première a été menée par les étudiants et étudiantes de la faculté de droit de l'université McGill ("Law needs feminism because..."). La seconde est une campagne axée sur le mieux-être, lancée lors de la Réunion hivernale de la Division du Nouveau-Brunswick de l'ABC, en 2018. Cette campagne a été lancée du 6 au 12 octobre 2019 ».

SOURCES

Rapport du Barreau du Québec de juin 2020

Rapport du Barreau de Montréal de mai 2020 « le public au cœur de notre mission »

Website des Barreaux de Montréal et du Québec

Cadieux Nathalie - Professions réglementées et détresse psychologique : regards croisés avec la population en emploi au Canada - Thèse de doctorat -Université de Montréal - 2012

Cadieux Nathalie, Youssef, N., Gingues, M. et Godbout, S. M. (2019). Rapport de recherche : Étude des déterminants de la santé psychologique au travail chez les avocat(e)s québécois(es), Phase II - 2017-2019 - Université de Sherbrooke - 181 pages

Cadieux, N.,Gladu-Martin, A. (2016). Déterminants du stress et de la détresse psychologique chez les avocat(e)s membres du Barreau du Québec - Rapport de recherche : Étude préliminaire-Phase I.

Cadieux, N., & Marchand, A. (2014 a) - A longitudinal and comparative study of psychological distress among professional workers in regulated occupations in Canada. Work, 49(1), 73- 86.

Cadieux, N., & Marchand, A. (2014 b) - Psychological distress in the work force : a multilevel and longitudinal analysis of the case of regulated occupations in Canada. BMC Public Health, 14(1), 808-830.

Cadieux, N., & Marchand, A. (2015). Détresse psychologique chez les professionnels exerçant une profession réglementée : facteurs explicatifs et piste de réflexion. Revue canadienne de santé mentale communautaire, 34(3), 15-35.

Gladu-Martin, A. (2016). Les facteurs de risque et de protection sociaux, individuels, organisationnels et hors travail au stress et à la détresse psychologique chez les avocats membres du Barreau du Québec. Mémoire de maîtrise - Université de Sherbrooke

Gingues Martine - Comparaison entre les femmes et les hommes quant aux stresseurs à l'origine de la détresse psychologique chez les avocat(e)s québécois(es) : étude du rôle direct et indirect des heures facturables" - Mémoire de Maitrise - Université de Sherbrooke - mai 2020

Marchand, A. (2004) - Travail et santé mentale : une perspective multi-niveaux des déterminants de la détresse psychologique - Thèse de doctorat

Gleixner, M., & Aucoin, M. G. (2014) - Être juriste au féminin : une réalité émergente ou une quête illusoire ? Canadian Bar Review, 92(2), 235-266.

Gleixner, M., & Aucoin, L. (2015). Les femmes au sein de la profession juridique : un regard sur le présent et une vision tournée vers l'avenir. University of New Brunswick Law Journal, 66, 228-262.

Gorman, E. H. (2005). Gender stereotypes, same-gender preferences, and organizational variation in the hiring of women : Evidence from law firms. American Sociological Review, 70(4), 702- 728.

Hagan, J., & Kay, F. (2007). Even lawyers get the blues : gender, depression and job satisfaction in legal practice. Law & Society Review, 41(1), 51-78.

Hall, D. L. (1995). Job satisfaction among male and female public defense attorneys. Justice System Journal, 18(2), 121-139

Leiper, J. M. (1998). Women lawyers and their working arrangements : Time crunch, stress and career paths - Canadian Journal of Law & Society, 13 (2), 117-134

Hill, A. (1998). La santé, le mieux-être et le rétablissement des femmes au sein de la profession juridique

Agence de communication BOB – Le Barreau du Québec brise les tabous et l'isolement avec Bob – 22 juillet 2020

Facebook / Barreau du Québec /

Sur le site de l'Agence de communication Bob – Le Barreau du Québec brise les tabous et l'isolement avec Bob – 22 juillet 2020 - Capsules où les professionnels s'expriment sur le site web du Barreau du Québec :

1 – En parler – Honorable Clément Gascon

2 – Trouver l'équilibre – Me Christian Leblanc – Ad. E et Me Stéphane Reynolds, Ad. E

3 – Contrôler l'anxiété – Me Myriam Couillard et Me Guillaume Blais

4 – Faire connaître ses limites – Me Stéphane Gascon et Antoine Godin-Landry

5 – Vaincre les tabous – Marie-Christine Clément

6 – Prendre soin de toi – Me François Sénéchal et Me Vassilis Fasfalis

Radio-Canada – Kirouack Marie-Christine - Avocats en détresse : l'arret Jordan du 8 juillet 2016 de la Cour Supreme du Canada fait-il des ravages ?

Desjardins-Laurin Camille – Une campagne photo pour sensibiliser à la santé mentale des avocats – Droit-INC – 7 octobre 2020

Helm Laura – Law Institute Victoria Mental Health and the legal profession : a preventive strategy final report – 68 pages – septembre 2014

The Law Society of British Columbia – First Interim Report of Mental Health Task Force – Brook Greenberg – décembre 2018 – 47 pages

LES ACTIONS DU BARREAU DE PARIS FACE AUX RPS

Le service économique et social du Barreau de Paris a mis en place un système d'aide, "Accompagner les avocats en difficulté".

La Covid-19 augmente les difficultés de certaines structures ou crée des tensions financières. La pandémie est propice à un renforcement des services d'assistance des barreaux.

Quelle que soit la difficulté rencontrée, lit-on, sur le site du Barreau de Paris, « le Service économique et social est présent pour aider les avocats et répondre à leurs questions ou, le cas échéant, à celles de leurs proches. On inclut "la famille" et vraisemblablement "le conjoint".

Un des objectifs est aussi d'Informer les avocats sur leur protection sociale. Beaucoup se découragent face aux méandres administratifs, ce qui est paradoxal pour une profession rompue au contentieux.

Le site internet du Barreau de Paris indique certaines causes des difficultés. La liste n'est pas limitative. La pression des clients, du chiffre d'affaires, des charges financières, le travail dans l'urgence, la situation de conflit et de litige, la peur d'engager sa responsabilité, le conflit entre associés, les difficultés managériales, les relations difficiles entre patron et collaborateur, l'isolement, le stress, les difficultés personnelles ayant des conséquences sur l'exercice professionnel, les addictions, les dépressions, les handicaps.

En fait, c'est un très court mais très évocateur catalogue des méfaits survenant dans la carrière d'un avocat.

Le numéro bleu 0800 242 240 est une ligne d'écoute téléphonique 24h/24h totalement anonyme et gratuite réservée aux avocats.

Un numéro bleu ne peut rien régler mais il facilite un premier contact direct.

Il a été renommé d'ailleurs "À votre écoute". A l'autre bout du fil, des psychologues indépendants de l'Ordre des avocats font face aux questions.

Il semblerait que contrairement aux Barreaux du Canada ou des Etats-Unis, aucun rapport ne soit disponible. Si c'est le cas, rédiger et publier un rapport annuel, mentionnant le nombre d'appels, le thème, l'âge du praticien, tout en préservant l'anonymat, pourraient servir à améliorer le service et à l'adapter à la demande.

Toutefois, reconnaissons la difficulté des praticiens français à se confier et à aller en quête d'aide.

N'omettons pas non plus la difficulté en France à mettre en avant les difficultés des avocats. Rien n'est comparable avec les médecins, comme nous le verrons dans les différents thèmes de ce guide.

Un numéro d'écoute doit être présenté, expliqué, lors de la formation initiale et continue de l'avocat.

Par ailleurs, le cas de l'ex Bâtonnier de Nantes, auteur de harcèlement moral sur des salariés de la maison de l'Avocat de Nantes (voir chapitre sur les discriminations et le harcèlement) fait que le service d'écoute doit s'adresser à tous les protagonistes travaillant avec les avocats. Probablement, est-ce prévu, mais le stipuler sur le site pourrait être un signe supplémentaire de la prise de conscience du phénomène.

En France, la lutte contre les risques psychosociaux chez les avocats mérite d'être organisée, au sein de tous les Barreaux, sans exception. Le travail reste à faire. Les exemples américains, et surtout canadiens peuvent faire gagner beaucoup de temps. Nos Barreaux français, mais aussi beaucoup d'autres pays peuvent s'en inspirer.

SOURCES

Guide social unique - 2019
Site du Barreau de Paris - Services de l'ordre - Service économique et social - mis à jour le 31/07/2020
Rapport CNB – 2019 – 40 pages

ROYAUME UNI : LAW CARE CONTRE LES RPS DES AVOCATS

Law care est une organisation britannique spécialisée dans la prévention et le traitement des problèmes rencontrés par les professionnels du droit, incluant leur famille et les étudiants en droit.

Le site aborde tous les thèmes : "Addiction, anxiety, bullying in the workplace, depression, moving on from the law, sleep, suicide, working from home, alcohol, bereavement, councelling, disciplinary proceedings, sexual harassment, stress, vicarious trauma, returning to work after illness or a career break, worrying if law is the right career for you, facing disciplinary proceedings either by your regulator or employer".

A chaque thème correspond un facstheet, permettant de se repérer. Les coordonnées d'associations spécialisées de prise en charge sont précisées.

Voici ce que nous pouvons lire :

« We offer free, independent and confidential support through our helpline, webchat and email service. We are here to listen and offer emotional support Our services are available to anyone in the legal community, including families and support staff. We support all sectors of the legal profession – solicitors, barristers, barristers clerks, judges, chartered legal executives, chartered trade mark attorneys, patent attorneys, costs lawyers and paralegals, including those studying and in training.

All calls, chats and emails are responded to by trained staff and volunteers who have first-hand experience of working in the law. We understand life in the law. We provide a space to talk through how things are for you, whatever is on your mind. We can signpost you to other support agencies too.

Your exchanges with us will remain. We only report statistics and nothing else. You don't even have to give us your name.

The LawCare support service is for those who work in the legal profession and their families, we do not offer legal advice to the general public".

Le coût des actions

La rubrique Key Statistics permet de constater le travail fait en 2019. Ainsi, 677 accompagnements psychologiques ont été réalisés. Mais ce qui est intéressant aussi, c'est de voir le coût. « A day to run over support service » coûte 615 euros. Il faut aussi 839 euros pour former un law care helpline volunter ou un peer supporter. Des donations d'un montant de 375 405 euros ont été faites en 2019, permettant un budget suffisant pour réaliser ces actions.

Le support des pairs

Le mentorat que nous étudierons plus loin dans ce guide est utilisé par le Law Care.

Citons ce qui est publié sur le site.

"LawCare runs a peer supporters programme offering one-to-one support. We have around 100 peer supporters, all volunteers who have first-hand experience of working in the law and may have been through difficult times themselves. They offer support, encouragement and mentoring on a range of different issues such as alcohol addiction, stress and anxiety".

The service is staffed by five people, including both lawyers and non-lawyers, employed by the Law Society. All have been specially trained in dealing with harassment complaints.

SOURCES

Website Lawcae.org.uk @LawCareLtd

Sondage lancé le 6 octobre 2020 : LawCare - Legal mental health & wellbeing charity launched its 'Life in the Law' questionnaire to find out how the culture and practice of law affects mental health

Website New Zealand Law Society @nzlawsociety

LES ACTIONS DES AVOCATS AMERICAINS CONTRE LES RPS

Les avocats américains réagissent contre les RPS. De nombreuses publications sont à signaler tout comme des enquêtes en cours.

Rappelons quelques phases et actions.

Début 2016, l'American Bar Association Commission ou Lawyer Assistance Programs, l'avocat californien Patrick Krill et la Hazelden Betty Ford Foundation, ont publié une étude concernant près de 13 000 avocats de 19 Etats.

Environ 28 % souffrent de différentes formes de dépression, 19 % souffrent d'anxiété, 23 % souffrent de stress, entre 21 % et 36 % ont des problèmes d'alcool.

Les avocats en exercice ne sont pas les seules cibles des actions visant à lutter contre les RPS. A la fin de 2016, une autre étude portant sur 3300 étudiants en droit de 15 écoles de droit est publiée. 17 % souffrent de dépression. 14 % souffrent d'anxiété. 25 % souffrent de problèmes d'alcool.

En 2017, après la constitution d'une Task Force sur la santé des avocats, un rapport de 78 pages avec des recommandations est publié le 14 août 2017 : « The Path to lawyer well-being : practical recommendations for positive change ».

Au sein de l'American Bar Association (ABA), a été constituée la commission des programmes d'assistance pour les avocats (@ABAColap).

Le thème est défini comme « American Bar Association Commission on Lawyer Assistance Programs helping judges, lawyers and law students w/substance use disorders and mental health issues ».

Tous les acteurs du droit sont concernés, avocats, juges, étudiants.

Les études approfondies sur les risques psychosociaux des avocats continuent aux Etats-Unis, notamment sous l'égide de Patrick Krill.

Citons l'annonce faite le 18 mai 2020, concernant un travail de fond qui apportera beaucoup d'autres éléments :

"The D.C. Bar and the California Lawyers Association (CLA) are participating in a new research project on attorney mental health. The project is led by attorney mental health and well-being expert Patrick Krill (J.D., LL.M, M.A.) and Justin Anker (Ph.D.) from the University of Minnesota Department of Psychiatry.

The anonymous and confidential survey will investigate a range of individual risk factors for mental health and substance use problems (stress, anxiety, depression, behavioral motives, and reasons for substance use) as well as cultural and workplace risk factors (job burnout, toxic goals, attitudes toward substance use and self-care, availability and utilization of support resources).

There will be 80,000 individuals randomly selected from the D.C. Bar and the CLA (40,000 members from each organization) and invited to participate in this research study. If you are selected, you will receive an email from the D.C. Bar or the CLA with more information about the study and a link to complete the survey. This survey will take approximately 20 minutes to complete.

Data collected in this survey will not be shared with the D.C. Bar or the CLA. All survey responses will be anonymous and go directly to the University of Minnesota, which maintains the confidentiality of all data. No identifying information will be asked, and all data will be de-identified, including IP addresses".

Any questions should be directed to Dr. Justin Anker, Principal Investigator, or Patrick Krill, Co-Investigator.

Il est remarquable de constater qu'aux Etats-Unis, certains avocats comme Patrick krill ont fait de la santé mentale et physique des avocats une véritable spécialité.

Qui est Patrick Krill ?

Reproduisons ce que cet avocat américain spécialisé dans les RPS écrit sur son site :

"Recognized globally as a leading authority on addiction, mental health, and well-being in the legal profession, Patrick R. Krill is an attorney, licensed and board certified alcohol and drug counselor, author, researcher and advocate. He serves as a trusted advisor to large law firms and corporate legal departments throughout North America and Europe, educating them about and helping them navigate addiction, mental health, and well-being issues on a daily basis.

Patrick's highly specialized background and unique breadth of knowledge relating to the substance use and mental health of lawyers make him a widely sought-after expert and trusted resource for solving one of the legal profession's most difficult problems. His clients include many of the largest, most prominent and widely-respected law firms in the world.

Patrick's groundbreaking work in the area of attorney behavioral health includes: initiating and serving as lead author of the first and only national study on the prevalence of attorney addiction and mental health problems, a joint undertaking of the American Bar Association Commission on Lawyer Assistance Programs and the Hazelden Betty Ford Foundation creating the framework for the ABA Well-Being Pledge an innovative campaign to improve the health and well-being of lawyers that was launched in September, 2018; partnering with American Lawyer Media to conduct the first-ever survey of AmLaw 200 firm leaders regarding their beliefs and attitudes related to addiction and mental health problems in the legal industry.

Patrick is the former director of the Hazelden Betty Ford Foundation's Legal Professionals Program, a preeminent clinical treatment program for addicted attorneys, judges and law students. While leading that program, he counseled many hundreds of legal professionals from around the country who sought to better understand and overcome the unique challenges faced on a lawyer's road to recovery. From young solo practitioners to equity partners in the largest global firms, law students to sitting judges, Patrick has successfully counseled patients from around the world and across all practice settings, offering distinctive guidance and uniquely qualified insights about achieving and maintaining recovery, health and well-being in the practice of law.

Patrick has authored more than seventy articles related to addiction and mental health, including a frequent advice column for Law.com, and regular contributions to CNN.com and other national outlets. Also a regular source for print and broadcast media, he has been quoted in dozens of national and regional news outlets, including the New York Times, Wall Street Journal, Washington Post, Chicago Tribune, and countless legal industry trade publications and blogs. Patrick has been a guest on numerous national broadcasts, including multiple appearances on NPR and the Dr. Drew Podcast.

As a frequent speaker about addiction and its intersection with the law, Patrick has taught multiple graduate-level courses in addiction counseling, and has spoken, lectured, or conducted seminars for more than two hundred organizations around the world, including law firms, professional and bar associations, law schools, and corporations.

Patrick serves on the Advisory Committee to the American Bar Association Commission on Lawyer Assistance Programs, and in October 2017, was honored with the Commission's Meritorious Service Award for Outstanding Contribution to Lawyer Well-being. In 2017 he was also appointed to ABA President Hilarie Bass's Working Group to Improve Lawyer Well-being, and is a member of the National Task Force on Lawyer Well-being, and co-author of its 2017 Report, *The Path to Lawyer Well-being: Practical Recommendations for Positive Change*. In November 2016, he was presented with the "LCL Founders Award for Service to the Profession" by Minnesota Lawyers Concerned for Lawyers".

Patrick Krill travaille avec une avocate américaine, Bree Buchanan.

Qui est Bree Buchanan ? Regardons le portrait de cette avocate.

"Bree Buchanan draws upon her extensive professional knowledge and experience to help legal employers excel in creating a culture of well-being. She is the founding co-chair of the National Task Force on Lawyer Well-Being and is a co-author of its groundbreaking 2017 report, *The Path to Lawyer Well-Being: Practical Recommendations for Positive Change*. Bree is chair of the ABA Commission on Lawyers Assistance Programs (2017-2020), which works to ensure assistance is readily available for those in the legal community experiencing issues related to substance use or mental health issues.

Prior to joining Krill Strategies, she was the Director of the Texas Lawyers Assistance Program, where she regularly worked with individual lawyers experiencing behavioral health issues, and with legal employers who were seeking resources and support for their staff. Her tenure with that program followed a two-decade legal career which included positions as a litigator, lobbyist and law professor. As Senior Advisor with Krill Strategies, Bree provides consultation on issues related to lawyer well-being and impairment for major legal employers.

Ms. Buchanan is a frequent speaker for international and national law-related organizations, as well as global law firms on strategies for lawyer well-being and impairment. In 2018, she was awarded the "Excellence in Legal Community Leadership Award" by Hazelden Betty Ford Foundation. She has shared her own story of recovery as a featured guest on podcasts in the United States and Canada. Ms. Buchanan's writing has appeared in Law Practice Today, Judicature, The American Lawyer, and Family Lawyer Magazine, as well as Lawyer Health and Wellbeing: How the Legal Profession is Tackling Stress and Creating Resiliency (Ark Group, 2020).

In 2018, she graduated from the Seminary of the Southwest with a Masters in Spiritual Formation, where she honed a deep interest in the intrinsic link between meaningful work and personal well-being, as well as in assisting individuals with vocational discernment. Ms. Buchanan tends to her own well-being by engaging in a regular meditation practice, cycling, rowing, and being willing to ask for help when she needs it".

En France, aucune étude n'existe sur les étudiants en droit ou sur les élèves-avocats, encore moins sur les auditeurs de justice et les magistrats, ou alors, les documents ne sont pas rendus publics. Les actions de prévention sont pourtant nécessaires bien en amont et devraient constituer des enseignements fondamentaux.

Patrick Krill est en tout cas un spécialiste à suivre de très près pour appréhender et régler les RPS. Les résultats de ses investigations ne peuvent qu'enrichir le débat.

SOURCES

American Bar Association, profil of the legal profession juillet 2020 – 147 pages (chapter 8 lawyer well-being – page 142)

Krill Patrick – Johnson R & L. Albert - The Prevalence of Substance Use and Other Mental Health Concerns Among American Attorney - Février 2016.

Krill Patrick - Krill Stratégies – Transforming the legal profession – Voir videos et interviews de Patrick Krill sur son site

National Task Force on Lawyer Well-Being, The Path to Lawyer Well-Being: Practical Recommendations for Positive Change (2017) (ABA Report), cover letter by Task Force cochairs Bree Buchanan, Esq., Director, Texas Lawyers Assistance Program, State Bar of Texas, and James C. Coyle, Esq., Attorney Regulation Counsel, Colorado Supreme Court

Collier Richard – Wellbeing in the legal profession – Reflections on recent developments (or what do we talk about, when we talk about well being) – International Journal of The Legal Profession – 2016

Report Professor Richard Collier FAcSS FRSA Anxiety and Wellbeing Amongst Junior Lawyers: A Research Study [funded by Anxiety UK's Katherine And Harold Fisher Anxiety Research Fund] Professor Richard Collier, Newcastle Upon Tyne, March 2019

COLAP's 2019 National Judicial Stress and Resilience Survey – 2019 – National conference for lawyer Assistance Programs – Septembre 2019 – Austin Texas

Botsford Margot - Supreme Judicial Court Steering Committee on Lawyer Well-Being Report to the Justices. July 15, 2019. 123 pages

Yale Law School Mental Health Alliance, Falling Through the Cracks: A Report on Mental Health at Yale Law School – 2014

Organ Jerome – Jaffre David – Bender Katherine -Suffering in silence : the survey of law student well-being and the reluctance of law students to seek help for substance use and mental health concerns – Journal of Legal Education – septembre 2016

UNE PRIORITE : PREVENIR LES RPS DES ETUDIANTS EN DROIT

Un tour d'horizon des sources disponibles sur la santé des étudiants en droit, à l'université et dans les écoles d'avocats, montre qu'aux Etats-Unis, en Angleterre, en Australie, au Canada, le sujet fait l'objet d'études, d'articles, de préconisations, de mesures.

Etonnamment, rien ne semble avoir été publié en France.

Dans les écoles d'avocats françaises, des modules concernant les RPS se développent par contre.

Mais dans les facultés de droit françaises, qu'en est-il ?

En France et ailleurs, la Covid-19 a largement majoré les troubles physiques et mentaux préexistants chez les étudiants des facultés de droit notamment avec le passage en ligne des examens, au détriment de devoirs maison.

Les trop nombreuses connexions ont par exemple mis en péril beaucoup d'épreuves. La Covid-19 s'est invité en outre l'année où la sélection en M1 est mise en place. Les étudiants souhaitant faire un M1 en droit doivent concourir dans nombre de facultés. Le stress, l'incompréhension et la perte de confiance dans le système universitaire sont largement exprimés sur les forums. Le manque de transparence des critères et l'intérêt de contraindre les étudiants à migrer dans d'autres établissements, à exposer des frais très lourds, ne manquent pas de rendre cette période très anxiogène.

Les cours et examens à distance ont d'ailleurs leurs adeptes et leurs détracteurs, suscitant débats et échanges intéressants.

Toutefois, le digital learning dans l'enseignement du droit est considéré par beaucoup comme seulement un outil provisoire. Reste à se préparer et à améliorer les conditions de l'enseignement à distance, car la pandémie subsiste.

Dans nombre d'universités anglo-saxonnes, les étudiants se sont opposés à cet enseignement à distance, demandant même en justice le remboursement des frais de scolarité.

Encore faut-il en France reconnaitre les RPS des étudiants en droit car même sans la Covid-19, le déni est total. Le constat est que durant les études de droit, quantité d'étudiants présentent notamment des états dépressifs, des troubles d'anxiété, des addictions, des usages d'alcool et de drogues.

Notons aussi les conditions matérielles d'accueil et d'études, amphis surpeuplés, éclairage, chaises et tables inadaptés et encadrement pédagogique très limité, dans un contexte de mesures sanitaires fluctuantes. La qualité du logement de l'étudiant est très variable aussi.

Mais comment mesurer ces troubles et comment y pallier ?

En sachant qu'une prévention et une prise en charge précoces permettent d'éviter à terme une certaine gravité et la chronicisation tant redoutée lors de l'exercice des différents métiers.

Bien sûr, chaque étudiant a son vécu et ses fragilités préexistantes qui peuvent être un terreau fertile à des décompensations ou à des aggravations des troubles.

Mais force est de constater qu'en France, aucune étude n'a été faite concernant les étudiants en droit contrairement aux étudiants en médecine, en tenant compte des environnements différents.

La prise de conscience des risques psychosociaux subis par les étudiants en médecine a généré nombre d'études.

Serait-il possible de s'y référer et d'envisager une étude complète sur les RPS subis par les étudiants en droit ?

Nous pourrions créer des commissions de doyens de facultés, d'enseignants, de représentants des étudiants, de référents, intégrer des modules au sein des formations, après des enquêtes approfondies permettant de cibler les actions.

Revenons sur les dernières études concernant les étudiants en médecine français qui paraissent constituer de bons outils méthodologiques dont on pourrait s'inspirer.

En avril 2018, le rapport du docteur Donata Marra sur la qualité de vie des étudiants en médecine avait mis en exergue la nécessité d'une excellente prévention.

L'étude sur le étudiants en médecine français menée par G. Fond et de A. Bourbon, publiée en février 2019, montre que les risques de burn out, d'anxiété et de dépression doivent être prévenus dès le début des études de médecine. Environ 12 % des UPMS (undergraduate and postgraduate medical students) sont suivis par un psychiatre ou un psychologue.

L'article de Ariel Frajerman du 2/05/2020 sur la santé mentale des étudiants en médecine publié sur le site de la Fondation Jean Jaurès, fait aussi le point sur la question.

Mais alors qu'est-ce qui justifie un tel silence pour les étudiants en droit, français, susceptibles de choisir des carrières très exposées à certains risques psychosociaux ?

Sur les réseaux sociaux, notamment sur certains groupes facebook, des discussions entre étudiants français (pour ne citer qu'eux) en droit, apportent la preuve d'interrogations et de cas de détresse psychologique.

Comment ces étudiants fragilisés s'en sortiront-ils dans leur future profession ?

Les enjeux sont tels, que des mesures doivent être prises officiellement.

Il est aussi très intéressant de constater qu'aux Etats-Unis, des questions portant sur la santé mentale à l'inscription aux barreaux de nombre d'Etats étaient soumises aux candidats. Des réformes sont en cours, afin de ne plus rendre obligatoire ces questionnaires attentatoires à la vie privée et au secret médical.

C'est la preuve flagrante d'une connaissance des troubles de la santé mentale que certains étudiants peuvent présenter à la sortie des études de droit. Bien évidemment, les contextes culturels divergent.

Rappelons que dans les pays anglo-saxons, le coût beaucoup plus important qu'en France des études de droit est une des causes de problèmes de santé physique et mentale. Néanmoins, beaucoup d'étudiants français en droit sont aussi endettés.

Tout reste à faire dans ce domaine.

Qui osera affronter les vraies questions en France ?

Le retard est considérable, le déni est évident, les moyens à apporter devront être conséquents pour révolutionner nos facultés de droit.

Une proposition serait de créer le Centre National d'Aide aux Etudiants en droit (CNAED) sur le modèle du centre créé pour les étudiants en médecine.

Au préalable, faire une étude complète de la situation s'impose.

L'enveloppe financière pourrait être consituée par des aides des grands cabinets d'avocats, des Barreaux, des syndicats, et d'une manière générale par des subventions à la fois publiques et privées.

Reste à provoquer la prise de conscience. Financer des recherches sur le thème des risques psychosociaux, dont des thèses co-dirigées par des professeurs de droit et de médecine serait une idée. La Haute Autorité de Santé (HAS) doit aussi publier des recommandations sans tarder. Nos étudiants mal en point feront des professionnels mal en point. A nous de réagir.

En attendant, consultons le site ABA for Law Students – Law Student Mental Health Ressources, un site qu réunit une excellente documentation, de tout ordre, articles, vidéos, blogs. C'est actuellement le site en anglais le plus complet.

SOURCES

Site ABA for Law Students – Law Student Mental health Ressources
Blog du professeur français de droit Patrick Fortan (forum sur la sélection en M1)
Mekki Mustapha "Digital learning dans l'enseignement du droit. Prenons nos distances ». Cercle K2.fr / mai 2020
Courtois Laurentin Huffington Post du 26 juin 2020 – Les partiels en ligne, un vrai chemin de croix pour les étudiants
Reed Krystia – Problem signs in Law School – Fostering attorney well-being early in professional training – juillet-aout 2016 –
Pritchard E Mary What predicts adjustment among law students ? A longitudinal panel study – 2003
Helm Laura – Law Institute Victoria Mental Health and the legal profession : a preventive strategy final report – 68 pages – septembre 2014 –
M. Organ, D. Jaffe, & K. Bender Addiction Med. 46 (2016) Suffering in Silence : The Survey of Law Student Well-Being and the Reluctance of Law Students to Seek Help for Substance Use and Mental Health Concerns, 66 J. LEGAL EDUC. 116 (2016)
Krieger S. Laurence – What we're not telling law students and lawyers – that the really need to know : some thoughts-in-action toward revitalizing the profession from its roots - 1998

Norm Kelk and al. – Courting the blues : attitudes towards depression in Australian law students and lawyers – université de Sydney Janvier 2009 – 104 pages

National Task Force on Lawyer Well-Being, The Path to Lawyer Well-Being: Practical Recommendations for Positive Change (2017) (ABA Report), cover letter by Task Force cochairs Bree Buchanan, Esq., Director, Texas Lawyers Assistance Program, State Bar of Texas, and James C. Coyle, Esq., Attorney Regulation Counsel, Colorado Supreme Court.

Clarke Brian The faculty lounge – Conversations about law, culture and académie Law Professors, Law Students and Depression . . . A Story of Coming Out (Part 1) 31 mars 2017

Clarke Brian The faculty lounge – Conversations about law, culture and académie Law Professors, Law Students and Depression . . . A Story of Coming Out (Part 2) 2 avril 2014

Burns Fiona – Soh L Nerissa – Shackel Rita – Walter Garry - Garry Walter - Financial and Caregivers' Stressors in Australian Law Students - A Qualitative Analysis – PubMed juin 2019 –

Pritchard E Mary – McIntosch Daniel - What Predicts Adjustment Among Law Students ? A Longitudinal Panel Study – PubMed décembre 2003

Holcombe Madeline CNN - Law students say they don't get mental health treatment for fear it will keep them from becoming lawyers. Some states are trying to change that - mars 2020

ABA Law Student Division, ABA Commission on Lawyer Assistance Programs, & Dave Nee Foundation, Substance Abuse & Mental Health Toolkit for Law School Students and Those Who Care About Them (2015)

See, e.g., G. Andrew Benjamin - The Role of Legal Education in Producing Psychological Distress Among Law Students and Lawyers - Am. B. Found. Res. J. 225, 240 (1986). 2 2014

Survey of Law Student Well-Being (co-piloted by David Jaffe and Jerry Organ and funded by the ABA Enterprise Fund and the Dave Nee Foundation)

Yale Law School Mental Health Alliance, Falling Through the Cracks : A Report on Mental Health at Yale Law School - Dec. 2014

Hannon Margaret, Why the character and fitness requirement shouldn't prevent law students from seeking mental health treatment, A.B.A

Il y a la fatigue, les troubles somatiques, les risques cardiovasculaires, l'hyperactivité, le manque d'activités physiques, les troubles du comportement alimentaire, les conduites addictives (addiction de soutien et de compensation), l'alcool, l'irritabilité, la sensibilité exacerbée, l'agressivité, les troubles cognitifs, la diminution des ressources psychologiques, la baisse de l'estime de soi, les troubles de l'humeur, l'anxiété, l'insatisfaction au travail, la perte d'empathie, la perte de compassion.

Evaluer ces troubles nécessite une analyse la plus complète possible. Le burn out se mesure. Le Maslach Burn Out Inventory (MBI) se compose de 32 items et de 3 sous-échelles qui représentent les trois dimensions du burn out. L'épuisement émotionnel (EP) contient 9 items. La dépersonnalisation (DP) contient 5 items. L'accomplissement personnel (AP) contient 8 items.

Le système initial a d'abord été destiné aux professionnels de l'aide. Le syndrome a ensuite été étendu à toutes les professions.

Toutefois, la spécificité de chaque métier, souvent polymorphe comme celui d'avocat, avec toutes ses spécialités, nécessite bien des adaptations.

Rappelons comment se présente l'épuisement professionnel.

L'épuisement professionnel se manifeste par un sentiment de vide, une fatigue inhabituelle que le repos et les congés ne peuvent plus freiner. Le seuil de saturation émotionnel est atteint. L'expression de cette saturation émotionnelle s'exprime par des colères ou des crises de larmes. Un refus d'agir ou de répondre est constaté.

La capacité d'empathie disparait. L'épuisement émotionnel peut prendre l'aspect d'une froideur, d'un contrôle, d'une maitrise absolue des émotions. Cet état d'hyper contrôle émotionnel est associé à la déshumanisation.

La dépersonnalisation (DP) ou la déshumanisation de la relation à l'autre

Le client est considéré comme un objet et non plus comme une personne. On observe une distanciation vis-à-vis d'autrui. C'est un mode de protection de soi, de son intégrité physique. Cet état s'installe progressivement. L'avocat en est conscient. La dépersonnalisation est une réelle douleur psychique, ressentie comme telle et vécue comme une forme d'échec personnel.

La perte de l'accompagnement personnel constitue la conséquence des autres dimensions.

Elle s'exprime par un sentiment d'inefficacité, d'incapacité à aider l'autre, de frustration dans son travail. S'ensuivent des sentiments de dévalorisation, de culpabilité et de démotivation.

Les conséquences peuvent être des fautes, un absentéisme motivé ou non, un manque de rigueur, un désinvestissement ou un surinvestissement, un présentéisme.

La reconnaissance est le pivot de la construction identitaire et du plaisir au travail.

Il faut être reconnu pour ce que l'on fait. Il faut se reconnaître dans ce que l'on fait.

La dégradation du sentiment d'accomplissement personnel du burn out est liée à l'échec de la psycho dynamique de la reconnaissance dans le travail. C'est un vécu de non reconnaissance de l'effort consenti, de l'expérience, de la compétence. C'est un vécu d'inachèvement, d'insatisfaction dans l'accomplissement de la tâche – la mission devient impossible – avec un épuisement, une culpabilisation, une auto-dévalorisation.

Compte tenu de ses qualités psychométriques, de ses performances en termes de validité et de fidélité, le MBI peut être utilisé pour un diagnostic clinique.

Cet instrument est considéré comme fiable. Mais l'est-il dans l'écostystème des avocats ?

Il existe des versions adaptées dans de nombreuses langues.

Le MBI est actuellement l'outil de référence dans l'étude du burn out.

Plus de 90 % des recherches publiées l'utilisent. La réalisation d'études comparatives est donc possible.

Cependant, sa valeur discriminative (burn out VS dépression) n'est pas satisfaisante.La principale limite du MBI est l'absence de corrélation clinique avec les bornes des scores établis. Il convient donc d'établir des bornes, des scores limites basés sur des études ciiniques solides, pour établir des valeurs déterminant le burn out, l'absence de burn out ainsi que le degré de gravité.

Qu'en est-il du burn out et du stress ?

Le stress peut être défini par un processus d'adaptation temporaire accompagné de signes mentaux et physiques.

Le burn out dépasse la notion de stress car il ne se limite pas aux réactions de tension de l'individu.

Il intègre en effet des aspects sociaux et auto-évaluatifs. Le stress est le résultat d'une tension passagère, le burn out de tensions continues, soutenues, durables.

Le burn out, contrairement au stress, s'applique spécifiquement au travail.

Beaucoup d'avocats reconnaissent une prédominance du stress dans la vie professionnelle. Le réel enjeu est de savoir quelles sont les limites acceptables.

Les troubles somatiformes

Les troubles somatiformes médicaux ont été définis dans le DSM V (Diagnostic and Statistical Manuel of Mental Disorders – American Psychiatric Association) par la survenue répétée au cours de l'année précédente, d'au moins un symptôme d'une durée d'évolution supérieure ou égale à six mois; parmi cinq catégories de problèmes. Ce sont les problèmes digestifs, les douleurs, les problèmes dermatologiques, cardiaques, respiratoires, gynécologiques, urinaires.

La somatisation est un ensemble de troubles représentés par des symptômes physiques multiples, variés, variables dans le temps, habituellement présents depuis des années. Le bilan médical révèle un bilan organique négatif, aucune lésion n'étant objectivable. Les maladies somatiques peuvent se manifester par une fatigue excessive et/ou un ralentissement idéomoteur.

Il faut systématiquement éliminer toute atteinte somatique avant de conclure à un diagnostic de syndrome d'épuisement professionnel.

Selon le DSM V, le trouble anxieux généralisé se caractérise par une anxiété et une inquiétude excessive (attente avec appréhension) concernant plusieurs situations ou activités et survenant la plupart du temps pendant une période d'au moins six mois. Il y a au moins trois symptômes parmi l'agitation, la fatigabilité, les difficultés de concentration, l'irritabilité, les tensions musculaires, les perturbations du sommeil. C'est une pathologie largement constatée chez les avocats.

On décrit des syndromes de stress post traumatique liés à un événement unique grave, qui peut générer d'autres situations de stress en rapport. La fréquence et la persistance d'agissements humiliants, insultants, les abus chroniques, les dénigrements, les menaces, les calomnies, peuvent générer de graves traumatismes.

Quelles sont les différences entre le syndrome d'épuisement professionnel et la dépression ?

Sur le plan diagnostique, les deux syndromes (syndrome d'épuisement professionnel à sa dernière phase et dépression d'épuisement) sont souvent imbriqués au sens où l'épuisement professionnel peut en effet se compliquer d'une dépression sévère, mais qui lui est toujours secondaire.

Le syndrome d'épuisement professionnel n'est donc pas nécessairement une dépression mais peut y conduire.

Les deux syndromes diffèrent dans leur survenue et de prise en charge.

Quand le syndrome dépressif s'installe, il concerne d'emblée toutes les dimensions de la vie de l'individu, affective, sociale, professionnelle.

Un traitement médicamenteux et un suivi thérapeutique sont souvent nécessaires.

Le syndrome d'épuisement concerne essentiellement la sphère professionnelle, jusqu'à la troisième phase (sur engagement et acharnement).

Le retrait du poste de travail peut suffire à améliorer la symptomatologie. Le maintien ou la reprise dans le poste sans action sur l'organisation de l'activité aggravera la symptomatologie. Pour les avocats, se retirer du poste de travail, selon l'expression consacrée, est impossible dans bien des cas. On observe des cas graves car la prise de conscience et les actions sont très tardives.

En France, aucune étude clinique n'a été faite sur le burn out des avocats contrairement aux médecins. Beaucoup d'articles se contentent de citer l'existence du burn out.

Une des grandes questions est de savoir comment les Barreaux informent les avocats.

Regardons ce que fait le Barreau du Québec.

Citons l'expérience du Barreau du Québec qui publie sur son site, dans son espace bien-être psychologique des analyses très intéressantes. Par exemple, celles du psychologue Camillo Zacchia, particulièrement claire, que je cite ci-dessous intégralement.

La question est de savoir pourquoi certaines personnes sont-elles autant touchées par le burn out ?

Précisons tout de suite qui est Camillo Zacchia.

"Camillo Zacchia est un psychologue clinicien spécialiste du traitement des troubles anxieux, de la dépression et des conflits interpersonnels.

Attaché pendant plus de 30 ans à l'Institut universitaire en santé mentale Douglas, il est vulgarisateur de la santé mentale dans les médias et conférencier. Il est vice-président de Phobies-Zéro, qui offre de l'aide et une ligne d'écoute aux personnes souffrant des troubles anxieux.

Je cite le texte reproduit sur le site du Barreau du Québec, un texte traduit par Marie-France Marin.

« Dans l'article précédent, nous avons examiné la relation entre le burn out et la dépression et avons constaté que les termes se chevauchent. Nous allons maintenant nous pencher sur le phénomène du burn out et certains des facteurs spécifiques qui contribuent à cette condition. Certains sont reliés à l'individu alors que d'autres sont peut-être davantage reliés au monde dans lequel nous vivons et travaillons.

Les causes du burn out : parmi elles, des attentes élevées à l'égard de soi-même

"Certaines personnes sentent qu'elles peuvent – et qu'elles doivent – accomplir tous les objectifs qu'elles se sont fixés.

Se fixer des buts très élevés peut mener à de grandes réalisations, mais peut également augmenter le risque d'échec. Les personnes qui gèrent bien leur stress ont tendance à considérer ces objectifs comme des idéaux théoriques, qui balisent leur travail plutôt que comme des obligations.

Elles savent que leurs efforts produiront d'importants progrès même si le but ultime n'est pas atteint. Elles savent qu'il est possible d'atteindre partiellement un but et d'en tirer une grande satisfaction. Les personnes qui ont tendance à considérer les objectifs comme des absolus – du genre tout ou rien – sont plus susceptibles de souffrir de burn out.

Attentes élevées des autres

Nous vivons dans un monde qui fonctionne de plus en plus selon un modèle de buts et d'objectifs mesurables.

Les employeurs cherchent constamment des moyens d'obtenir davantage de leurs employés, un peu comme les consommateurs qui cherchent à obtenir le meilleur prix possible avant d'acheter un produit.

Pour une entreprise, il est logique d'augmenter les objectifs d'une année à l'autre, surtout lorsqu'ils ont été atteints l'année précédente.

Ce phénomène contribue à augmenter la pression sur les employés, tout autant que d'autres facteurs tels qu'une équipe de travail réduite. Les employeurs souhaitent obtenir davantage des employés les moins productifs. Malheureusement, cette pression est surtout ressentie par les employés les plus productifs qui ont tendance à élever leurs attentes à l'égard d'eux-mêmes.

Mauvaise perception de ce qu'est un bon travail

Le perfectionnisme est une arme à deux tranchants.

Bien faire les choses est important. Quand on y pense bien, on ne voudrait pas que notre chirurgien fasse preuve de laisser-aller.

Le problème vient du fait que les normes de perfection ne doivent pas forcément s'appliquer à toutes les petites choses que nous entreprenons. La plupart des situations que nous vivons ne mettent pas la vie de qui que ce soit en danger. Certaines personnes n'ont pas la capacité de reconnaître qu'il y a plusieurs bonnes façons de faire les choses. Les personnes qui passent trop de temps à essayer de trouver « la » bonne façon de faire une chose sont plus exposées au burn out que leurs collègues qui ne se perdent pas dans les détails de moindre importance.

Faible sentiment d'appartenance : Certaines personnes ont peu confiance en elles.

Elles ont l'habitude de se sentir idiotes et de ne pas être à leur place dans plusieurs situations, et ce, depuis plusieurs années. Ce syndrome de l'imposteur est très répandu. Pour compenser, ces personnes ont souvent le réflexe de travailler d'arrache-pied.

Quand elles n'arrivent pas à atteindre leurs objectifs, elles ont tendance à attribuer leur échec à leur propre faiblesse plutôt qu'à des facteurs externes ou à l'organisation de leur milieu de travail. Quand les attentes à l'égard de ces personnes ne sont pas réalistes, elles ressentent fortement l'échec et peuvent sombrer dans le burn out.

Mauvais environnement

Certaines personnes n'ont tout simplement pas la capacité ou les aptitudes pour accomplir leur travail.

Cette situation est improbable puisque la plupart des gens ont été choisis pour un poste donné parce qu'ils possèdent les qualités requises.

Par conséquent, l'idée de ne pas être compétent est souvent une peur irrationnelle qui se manifeste habituellement chez les individus qui ont une faible confiance en eux. Il faut toutefois garder en tête qu'il peut s'agir d'un enjeu bien réel pour d'autres.

Ceux qui souffrent de burn out peuvent en arriver à faire des généralisations à propos de leur manque de compétence et ressentir la nécessité de réussir afin de mériter le respect de leur patron. Ces personnes ne réalisent peut-être pas qu'il peut y avoir d'autres postes aussi importants au sein de l'entreprise, mais qui conviendraient mieux à leurs habiletés.

Des solutions multifactorielles

Si les causes du burn out sont multifactorielles, les solutions doivent également l'être.

Voici une courte liste de suggestions que vous pouvez considérer si vous croyez être vulnérable au burn out.

Apprenez à bien travailler sans être débordé.

La plupart d'entre nous n'auraient aucun problème à fuir un magasin de chaussures si la paire de chaussures que nous voulions coûtait 500 $. Nous aurions l'impression qu'elles ne valent pas l'effort requis pour gagner cet argent. Alors pourquoi ne pouvons-nous pas fuir le travail qui demande trop de nous, pas en termes d'argent, mais plutôt en termes d'efforts que cela nécessite pour gagner cet argent ?

La vie est un marathon.

Le coureur qui court le premier kilomètre rapidement parce qu'il a l'énergie s'épuisera probablement avant la fin.

Le secret est de garder un rythme raisonnable qui peut être maintenu tout au long de la course.

Dans nos vies professionnelles, nous avons souvent l'énergie pour donner un petit effort d'extra afin d'atteindre un but, impressionner un patron ou faire de l'argent de plus, mais nous considérons rarement les conséquences à long terme d'un tel rythme.

Avoir le temps de faire des choses qui ne semblent peut-être pas productives, comme prendre du temps pour nos passions personnelles et nos passe-temps, ou tout simplement prendre le temps de s'asseoir, est essentiel pour garder un rythme de vie raisonnable.

Reconnaissez lorsque vos standards personnels sont trop élevés.

Pour ce faire, vous devez apprendre à vous fier au jugement des autres. Ne vous fiez pas à votre propre jugement personnel biaisé, surtout si vous n'avez jamais l'impression que ce que vous faites est suffisamment bien.

Essayez de baser votre jugement sur des mesures de performance objectives, comme des notes ou un montant de ventes.

Demandez-vous comment vous jugeriez un collègue avec les mêmes chiffres. Habituellement, le jugement est beaucoup moins dur.

Et rappelez-vous, le fait qu'une tâche peut toujours être mieux rendue avec plus de temps ne signifie pas qu'elle n'est pas déjà mieux que ce qui est demandé.

Soyez capables d'admettre lorsque c'est le temps pour un changement et choisissez un travail qui convient davantage à votre personnalité.

Cela est beaucoup plus facile que de tenter de changer radicalement votre nature. Par exemple, un procrastinateur aura beaucoup plus de facilité à répondre au téléphone dans un département de service à la clientèle, où il doit être disponible et compétent, comparativement à un emploi où il aurait à produire des rapports écrits sans échéance définie.

La dernière étape appartient aux collègues et employeurs. Ils doivent reconnaître que les bons employés, les « demande à », doivent être protégés.

Lorsqu'un important projet doit être réalisé et que nous avons deux employés ou collègues – un employé compétent et surchargé et un employé moins compétent qui a du temps libre – qui allons-nous approcher pour faire le projet ? Le fait que les bons employés font généralement du bon travail ne signifie pas qu'ils ont des ressources illimitées. Les laisser respirer un peu permettra à tout le monde de s'impliquer et rendra le milieu de travail plus efficace.

Camillo Zacchia a écrit un autre texte publié sur le site du Barreau. "Je suis en burn out : suis-je en dépression ?" C'est un texte traduit par Marie-France Marin.

Citons ce texte également car tout outil spécifiquement destiné aux avocats est primordial à lire et à analyser.

"Êtes-vous en burn out ou avez-vous déjà eu l'impression d'être au bord du burn out ? Qu'est-ce que le burn out et est-ce la même chose que la dépression ? Peu importe ce que c'est, il semble affecter un grand nombre d'individus.

Le burn out est de loin la plus grande cause de congé de maladie dans toute compagnie. Une partie significative de tout ce que vous payez, des pantalons que vous portez au test sanguin demandé par votre médecin, sert à défrayer les coûts du burn out.

Qu'est-ce que le burn out ?

Le burn out n'est pas un terme médical officiel ou un diagnostic dans le domaine de la santé mentale. Il s'agit d'un terme qui a été inventé pour décrire un état de fatigue ou une incapacité à fonctionner normalement dans le milieu de travail quand les demandes dépassent la capacité d'un individu.

De nos jours, la communauté scientifique n'arrive pas à s'entendre sur la façon de définir le burn out. Certains le perçoivent comme un phénomène lié exclusivement au travail alors que d'autres l'associent à quelque chose de plus large.

Au sein de la population générale, le terme burn out est comparable à n'importe quelle appellation courante. La définition évolue continuellement. Au fil du temps, le terme peut prendre une signification différente selon chaque personne. Par exemple, certaines personnes utilisent le terme burn out quand elles ont le sentiment de s'ennuyer dans leur emploi et qu'elles sont à la recherche de nouveaux défis. D'autres vont l'utiliser pour décrire une dépression majeure en raison du puissant symbole que cette notion véhicule.

De façon générale, nous employons le terme burn out lorsque nous voulons décrire une incapacité à gérer la pression liée au travail.

Qu'est-ce que la dépression ?

La dépression est un phénomène complexe qui implique des mécanismes internes et des influences externes. Nous nous reporterons au chapitre traitant de la dépression mais d'ores et déjà, il est urgent de bien distinguer la dépression du burn out.

On la diagnostique lorsqu'une personne présente une humeur dépressive (sentiment de tristesse, de vide, des pleurs, etc..), ou une perte d'intérêt ou de plaisir.

D'autres indicateurs peuvent accompagner la dépression, tels que des changements dans l'appétit, des difficultés de sommeil, soit de l'insomnie ou une tendance à trop dormir, de la fatigue excessive, de l'agitation, des sentiments d'inutilité, des difficultés de concentration, et des pensées suicidaires ou des références récurrentes à la mort.

Il ne faut pas sauter aux conclusions si vous pensez vous reconnaître dans la liste de critères énumérés ci-dessus. Plusieurs situations de vie difficiles peuvent nous amener à nous sentir ainsi de temps en temps. La question importante est liée à l'intensité et à la durée. On considère qu'il s'agit d'une dépression quand les symptômes persistent plus de deux semaines et qu'ils sont suffisamment intenses pour causer d'importantes souffrances personnelles ou une incapacité à fonctionner normalement.

Y a t-il un lien entre le burn-out et la dépression ?

Le burn out est généralement perçu comme un problème lié au stress dans le milieu de travail, alors que la dépression est un phénomène plus complexe qui peut s'infiltrer dans toutes les sphères de notre vie. Mais est-il possible de séparer ces deux termes ? Dans les faits, le burn out et la dépression sont liés de très près.

En théorie, il est possible de retrouver le burn out de façon isolée. Tout le monde peut « se brûler » si l'on augmente constamment les demandes sans donner les moyens d'y répondre. Dans de tels cas, la personne reviendra rapidement à la normale si on la retire de la situation problématique.

Il en va de même pour la dépression. Il se peut que tout cela n'ait rien à voir avec le travail ou le stress. Généralement, une dépression majeure perdurera si l'individu demeure en poste ou qu'il reste à la maison.

Cependant, dans la plupart des cas, il n'est pas aussi facile de faire une distinction entre les deux. Prenons le cas d'une personne qui a un fort sentiment de responsabilité et une tendance à être perfectionniste.

De telles personnes ont l'habitude de bien exécuter leur travail puisqu'elles se sentent mal à l'aise lorsqu'elles voient un travail brouillon ou incomplet.

Par conséquent, elles entreprennent plusieurs tâches et elles livrent la marchandise. Les employeurs et les collègues commencent alors à s'appuyer sur elles de plus en plus. Si elles arrivent ensuite au point où elles doivent se reposer, ne sentiront-elles pas qu'elles ont laissé tomber tout le monde ?

Ne seront-elles pas déprimées et n'éprouveront-elles pas un sentiment d'échec ? Dans de tels cas, les sentiments dépressifs ont tendance à s'attarder même si la personne est éloignée de la situation stressante qui a pu contribuer à créer ces sentiments en premier lieu.

Si nous observons ces traits de caractères dans le milieu de travail, est-il possible de les observer ailleurs également ? Est-il possible que ces personnes aient un sentiment d'échec lorsque leurs enfants éprouvent des difficultés à l'école ou si elles vivent un divorce, par exemple ?

La relation entre la dépression et le burn out est très évidente dans les cas que nous pourrions décrire comme une pure dépression et où le travail n'est pas un problème.

Les gens qui souffrent d'une dépression majeure se sentent agités, fatigués et ont de la difficulté à se concentrer. Ils ne ressentent aucune satisfaction et aucun plaisir, même lorsque la tâche est accomplie avec succès. Il n'est pas difficile d'imaginer que leur productivité en souffre.

Même les tâches les plus simples se transforment en gros soucis. Dans de tels cas, les pressions liées au travail font souvent déborder le vase. Le travail n'est pas la cause du problème, mais devient un facteur qui contribue à la dépression. L'incapacité de fonctionner au bureau amène ensuite la personne dépressive vers un sentiment d'échec et de culpabilité.

Lorsque ces personnes doivent prendre un arrêt de travail, on dit qu'elles sont en congé pour épuisement professionnel, même si elles correspondent aux critères pour une dépression majeure.

Pourquoi est-ce important de différencier le burn-out de la dépression ?

Même si pour plusieurs personnes le terme burn out est de moins en moins associé au stigma de la dépression, l'étiquette utilisée est probablement moins importante que le désir de remettre leur vie en ordre. Ainsi, le rôle des psychologues et des psychiatres demeure le même, que la personne consulte pour traiter une dépression ou un burn out. Le professionnel doit évaluer les causes du problème afin de pouvoir les traiter.

Les facteurs externes peuvent être liés à des situations particulières ou un contexte plus général. Les facteurs internes peuvent être liés à des aspects biologiques ou à la personnalité. Si une incapacité à se fixer des limites et un sentiment de responsabilité démesuré contribuent à créer un stress excessif au travail ou à des soucis personnels difficiles à gérer, ces aspects doivent tout de même être abordés en traitement.

Que faut-il faire dans un cas ou l'autre ?

Peu importe s'il s'agit d'un burn out, d'une dépression ou des deux, comme c'est souvent le cas, vous souffrirez de la même façon et vous bénéficierez d'un traitement.

Une chose est certaine, à moins que quelque chose ne change, le problème ne disparaîtra pas de lui-même. Si les choses ne fonctionnaient pas auparavant, elles n'iront pas bien comme par magie après avoir pris du repos.

Ce changement peut être biochimique ou situationnel, il peut impliquer une nouvelle attitude ou de nouvelles habiletés, il peut même être aussi simple que de décider d'accepter votre ancienne situation, mais cette fois sans une lutte constante pour la changer.

Les deux traitements principaux sont psychologiques ou pharmacologiques.

Peu importe la cause, les deux formes de traitements peuvent être bénéfiques. Parfois, la combinaison des deux traitements est plus efficace. Pour des dépressions légères à modérées, le traitement psychologique appelé thérapie cognitivocomportementale (TCC) est généralement considéré comme étant le meilleur choix.

Si la réponse n'est pas adéquate, la médication peut être ajoutée.

Pour les dépressions modérées à sévères, une combinaison d'antidépresseurs et de TCC est généralement recommandée dès le début.

En réalité, des facteurs additionnels comme l'attitude face à la médication, ou la disponibilité et l'accessibilité aux services psychologiques jouent souvent un rôle déterminant pour le choix des traitements.

Les antidépresseurs agissent sur la chimie du cerveau. La plupart des gens se sentent moins importunés par les événements lorsqu'ils prennent des médicaments et arrivent donc à mieux gérer les situations.

La thérapie cognitivocomportementale vise à changer la façon dont nous interagissons avec le monde soit en nous enseignant de nouvelles habiletés ou en examinant et en changeant les attitudes qui affectent comment nous réagissons et interprétons les événements autour de nous. Elle peut nous aider à déterminer nos limites. Elle peut nous enseigner à questionner nos standards, nos attributions et nos biais. Elle peut nous aider à développer un meilleur sens des priorités et à trouver un équilibre entre notre vie professionnelle et notre vie personnelle".

Le Barreau du Québec n'hésite donc pas à donner la plume à des spécialistes afin d'informer.

Autre question importante, au-delà des publications du Barreau du Québec, le burn out est-il une maladie ?

La nouvelle classification internationale des maladies, nommée « CIM-11 » entrera en vigueur le 1er janvier 2022 après son adoption au cours de la 72 ème Assemblée Mondiale, de l'Organisation Mondiale de la Santé en mai 2019.

Le 27 mai 2019, Tarik Jasarevic, porte-parole de l'OMS, annonce que, pour la première fois, le burn out fait son entrée dans la nouvelle classification internationale des maladies de l'OMS. En réalité, le burn out était déjà classé dans la classification précédente (appelée « CIM-10 ») sous le chapitre « Facteurs influençant l'état de santé ».

La difficulté est que tout le monde avait compris que le burn out était une maladie.

Le porte-parole a affirmé que « l'inclusion dans ce chapitre signifie précisément que le burn out n'est pas conceptualisé comme une condition médicale mais plutôt comme un phénomène lié au travail ».

En effet, le chapitre « Facteurs influant sur l'état de santé ou sur les motifs de recours aux services de santé » réunit les motifs pour lesquels les personnes s'adressent aux professionnels de la santé. Ces motifs ne sont pas classés comme des maladies.

La nouvelle définition est plus détaillée. Selon un porte-parole de l'OMS, elle « a été modifiée à la lumière des recherches actuelles ». La nouvelle classification « CMI-11 » définit le burn out comme un syndrome résultant d'un stress chronique au travail qui n'a pas été géré.

Le burn out se caractérise par trois éléments, un sentiment d'épuisement, du cynisme ou des sentiments négativistes liés à son travail, une efficacité professionnelle réduite.

Le burn out est par conséquent décrit par l'OMS comme un phénomène faisant « spécifiquement référence à des phénomènes relatifs au contexte professionnel et ne doit pas être utilisé pour décrire des expériences dans d'autres domaines de la vie ».

Toutefois, rappelons les travaux de l'Institut du Cerveau de Paris dans le domaine de la dépression. L'imagerie fonctionnelle démontre des atteintes localisées dans le cerveau. La dépression rentre donc bien dans la catégorie de la maladie. Quant à savoir si le burn out est une maladie, il serait bon d'analyser l'imagerie fonctionnelle. Il y a fort à parier que le cerveau exprime à certains endroits les méfaits du BO.

Neil Graffin a publié en mars 2019 dans la revue Refugee Survey Quarterly un article qui résume certaines attitudes d'avocats confrontés à des personnes ayant subi des traumatismes. Voici un extrait très évocateur des souffrances des justiciables mais aussi des conséquences sur les avocats.

"Asylum practionners othen works with traumatised persons and hear stories of persecution and other traumatic narratives in their everyday work. This stuy sought to assess the emotionnal impacts of working as an asylum practitioner, and how these effects could affect a practitioner's performance in their role or their relationship with their clients. This qualitative study consisted of 10 semi-structured interviews with asylum practioners in England and the Repuilc of Ireland. An inductive thematic analysis was used to analyse data. A number ot key themes emerged, including participants describing having experienced or witnessed burnout and other negative emotional effects caused by working in the role. Practioners also described having experienced feelings of detachment from clients, as well as in some cases cynism and disbelief of their narratives. However, these emotional states were seen to engender positive as well as negative attributes in the delivery of legal representation. Heavy caseloads, the futility of working in a system where some clients have little chance of success, cuts to legal aid, as well as societal stigmatisation of claimants were also cited as providing challenges for practitioners. A complex understanding of the role emerged in times of austerity, where anti-immigration sentiment is common within society".

SOURCES

Centre   d'études   sur   le   stress   humain

Je suis en burnout : suis-je en dépression? Camillo Zacchia, Mammouth no 4, novembre 2007, pp. 8-11

Bourgeois Marina – Le burn out des professions juridiques – Le Village de la Justice – 14 octobre 2020

Pelissolo Antoine, Hardy Patrick - Comparison of burnout, anxiety and depressive syndromes in hospital psychiatrists and other physicians: Results from the ESTEM study Elsevier / novembre 2019

Dyrbye, Liselotte N. MD, MHPE; West, Colin P. MD, PhD; Satele, Daniel; Boone, Sonja MD; Tan, Litjen MS, PhD; Sloan, Jeff PhD; Shanafelt, Tait D. MD - Burnout Among U.S.Medical Students, Residents, and Early Career Physicians Relative to the General U.S. Population - Mars 2014 - PubMed

Edward Sri Yashodha Samarasekara, Sharmini Perera, B Himalika Narangoda / Occupational Stress and burnout among lawyers in Sri Lanka / 2015

Rapport de l'académie française de médecine sur le burn out / Olié JP, Légeron P (Rapport de l'Académie de Médecine). Acker A, Adolphe M, Allilaire JF, Chamoux A, Falissard B, Géraut C, Giudicelli CP, Hamon M, Le Gall JR, Légeron P, Lôo H, Moussaoui D, Nicolas G, Olié JP, Yvan Touitou Y. Le burn-out. Bull. Acad. Natle Méd., 2016, 200, 2 : 349-65 - 23 février 2016 / 18 pages

HAS / Burn out : au-delà des débats, faire le bon diagnostic et proposer une prise en charge personnalisée / 22 mai 2017

HAS / Repérage et prise en charge clinique du syndrome d'épuisement professionnel ou burn out / 22 mai 2017

Balch, C. M., Freischlag, J. A., and Shanafelt, T. D. (2009). Stress and burnout among surgeons: Understanding and managing the syndrome and avoiding the adverse consequences. Archives of Surgery, 144, 371–376

A.P. Levin. Secondary Trauma and Burnout in Attorneys: Effects of Work with Clients Who are Victims of Domestic Violence and Abuse. (2008)

Carter, S. B. (2006). When the enemy lies within : Risk for professional burnout among family lawyers. American Journal of Family Law, 20(3), 160-168

Hopkins, V., & Gardner, D. (2012). The Mediating Role of Work Engagement and Burnout in the Relationship between Job

Characteristics and Psychological Distress among Lawyers. New ZealandJournal of Psychology, 41(1), 59-68

Maslach, C., Jackson, S. E., Leiter, M. P., Schaufeli, W. B., & Schwab, R. L. (1986).

Maslach burnout inventory. Palo Alto, CA : Consulting Psychologists Press. Maslach, C., & Leiter, M. P. (2011).

Christina Maslach Michael Leiter : Burn-out : le syndrome d'épuisement professionnel. Paris : Les Arènes.

Maslach Christina - Leiter P Michael - Burn out : des solutions pour se préserver et pour agir - Préface du dr Patrick Légeron

Ramos, P. J. (2012). Well-being: A study of attorney beliefs, attitudes, and perceptions. Thèse de doctorat / Université de Saybrook.

Tsai, F. J., Huang, W. L., & Chan, C. C. (2009). Occupational stress and burnout of lawyers. Journal of Occupational Health, 51(5), 443-450

Centre d'études sur le stress humain
Je suis en burnout : suis-je en dépression? Camillo Zacchia, Mammouth no 4, novembre 2007, pp. 8-11

Graffin Neil - The emotional impacts of working as an Asylum Lawyer - Refugee Survey Quarterly - Volume 38, Issue I - March 2019 - pages 30-54

LES AVOCATS FACE A LA DEPRESSION : SILENCE EN FRANCE ET ACTIONS AUX ETATS-UNIS ET AU CANADA PAR EXEMPLE

Parmi les risques psychosociaux atteignant les avocats de plein fouet, dans tous les pays, la dépression. Les travaux de Nathalie Cadieux et de Patrick Krill ont déjà mis l'accent sur ce phénomène. Mais un chapitre spécifique s'impose dans ce guide.

En France, le silence est assourdissant, les études inexistantes. Par contre, aux Etats-Unis et au Canada, le tabou est levé.

L'université John Hopkins à travers l'étude de Brian Clarke, annonçait en 2014, que sur 104 professions analysées, les avocats arrivent en tête des professionnels les plus dépressifs. Ils sont 3,6 fois plus à risque de développer une dépression que les autres !

Un sondage de l'Association du Barreau Canadien (ABC) auprès de 1200 membres mentionne que pour les avocats, l'épuisement professionnel, (92 %), les troubles anxieux (86 %), et la dépression (76 %), sont les problèmes de santé les plus nombreux dans l'exercice du métier d'avocat.

Nous avons rappelé qu'en 2016, une étude épidémiologique publiée par le Journal of Addiction Medicine, sous l'égide notamment de l'avocat californien, Patrick Krill, spécialiste des risques psychosociaux des avocats, posait des constats troublants.

Des 12 825 avocats américains travaillant en pratique privée suivis par les chercheurs, 28 % disaient souffrir de dépression.

Cheryl Canning, présidente du comité sur le bien-être de l'ABC, dit que "c'est un enjeu d'affaires pour les cabinets. Alors que les problèmes de santé occasionnent des absences moyennes de 14 à 30 jours, les épisodes d'épuisement professionnel, de troubles anxieux et de dépression immobilisent le praticien pendant plus de deux mois".

En juillet 2019, le rapport de 123 pages de la Supreme Judicial Court Steering Committee on Lawyer Well-Being, sous la présidence de Margot Botsford, juge à la Cour Suprême, étudie les pathologies développées par les professionnels du droit, avocats, étudiants en droit et magistrats et rappelle la haute fréquence des états dépressifs.

Une nouvelle enquête sur la santé mentale des avocats

Le Barreau de Californie va d'ailleurs mener une nouvelle enquête sur la santé mentale des avocats avec l'association des avocats de Californie. Cette étude est mise en place par Patrick Krill, avocat spécialiste des risques psychosociaux des professionnels du droit dont nous avons noté le portrait au début de ce guide et Justin Anker, professeur de psychiatrie à l'université de Minneapolis.

Ce travail porte sur la façon dont les professionnels du droit appréhendent le stress, la dépression, la consommation de substances, les addictions.

L'étude concerne 80 000 membres, dont 40 000 du Barreau de Californie et 40 000 de l'association !

Toutes les réponses anonymes iront directement à l'université du Minnesota. Cette étude complétera par conséquent celle effectuée en 2016 et les travaux de Nathalie Cadieux et ses étudiants au Canada.

Rappelons quelques grands principes sur la dépression, le mot faisant peur et malheureusement, bien souvent, stigmatisant.

Comment en France, l'Institut du cerveau et de la moelle épinière, présente-t-il la dépression ?

D'abord, est-ce que la dépression est une maladie mentale ?

"Le terme dépression est un peu galvaudé, on dit souvent - je suis déprimé - mais cette maladie représente un réel enjeu de santé publique. La dépression est le trouble psychiatrique le plus fréquent et on estime qu'une personne sur 5 sera touchée au cours de sa vie, avec un ratio de 2 femmes pour 1 homme ».

La dépression en chiffres

"La dépression est le trouble psychiatrique le plus fréquent puisqu'environ 5 à 15% de la population française fera un épisode dépressif au cours de sa vie. Elle est présente à tous les âges de la vie.

Aujourd'hui, on estime que 3 % des enfants sont touchés par cette maladie. Cette prévalence augmente de 10 à 15 % chez l'adolescent. Elle est aussi importante chez les personnes âgées.

La dépression se définit par deux aspects : des symptômes caractéristiques et leur durée qui doit être d'au moins 15 jours, avec un retentissement sur la vie personnelle, professionnelle et sociale des patients".

Les travaux menés à l'Institut du Cerveau par le professeur Philippe Fossati (AP-HP/Sorbonne Université), psychiatre spécialiste des troubles de l'humeur à l'hôpital de la Pitié-Salpêtrière et chef d'équipe à l'Institut du Cerveau, ont contribué à montrer l'implication de régions cérébrales particulières dans le développement de la dépression.

Citons les explications publiées sur le site de l'Institut du cerveau.

"Depuis les années 50, les bases neurobiologiques des troubles de l'humeur comme la dépression sont établies et ont constitué la base du développement des traitements antidépresseurs.

Mais ce n'est que depuis une quinzaine d'années que la dépression est véritablement reconnue comme une maladie du cerveau au même titre que les maladies neurologiques comme les maladies de Parkinson ou d'Alzheimer".

Comment se caractérise la dépression ?

"La dépression est un trouble du comportement dans lequel l'humeur est pathologiquement figée dans la tristesse ou la douleur. La tristesse de la personne dépressive est intense et n'est pas diminuée par des circonstances extérieures.

Contrairement à un épisode de tristesse passagère, l'Épisode Dépressif Majeur (EDM) perdure au-delà de 15 jours. Il peut conduire à l'isolement de la personne, voire au suicide.

Le risque de décès par suicide est 10 fois plus élevé chez les personnes dépressives que pour le reste de la population.

Il est difficile, pour un non-malade, de se représenter la dépression. Lorsque nous tentons de le faire, les images qui viennent naturellement sont celles de la tristesse. Nous puisons dans notre histoire personnelle des souvenirs douloureux et essayons de nous remémorer notre état d'alors. Le tableau de dépression inclut en effet les angoisses, l'état de tristesse, en d'autres termes la souffrance psychique et la douleur morale.

Avec les idées suicidaires, cette souffrance est la partie la plus visible de la dépression et probablement la plus compréhensible pour l'entourage.

Mais la dépression ne se traduit pas seulement par cet excès d'affects dits négatifs. Elle se manifeste également par une autre facette, tout aussi fréquente et tout aussi grave : le défaut d'affects positifs.

Les psychiatres disposent d'un jargon varié pour en décrire les différents symptômes comme l'anhédonie ou incapacité à éprouver du plaisir, l'aboulie ou abolition de la volonté, l'apragmatisme, ou incapacité à entreprendre des actions ou encore l'athymhormie, la perte de l'élan vital".

Que nous dit le Barreau du Québec, Barreau qui n'hésite pas à aborder frontalement la problématique de la dépression, l'objectif étant d'informer l'avocat, de le sensibiliser.

Le Barreau du Québec a publié sur son site des explications rédigées le psychologue clinicien, Camillo Zacchia. L'objectif est d'informer, éclairer, sensibiliser.

Voici la reproduction du texte.

"La dépression est un phénomène complexe qui est souvent incompris par le grand public. Est-ce une maladie dans le sens traditionnel du terme ? Ou est-ce simplement une réaction aux événements de la vie ? Essentiellement, la dépression peut être vue comme étant une maladie ou une réaction.

La meilleure façon de comprendre la dépression est de comprendre les diverses causes et influences sur nos humeurs.

Nous sommes, bien sûr, des êtres biologiques. Tout ce qui nous concerne est dans notre cerveau : les pensées, les mémoires, les attitudes, les humeurs, l'intelligence et tout ce qui fait de nous des humains.

Une personne pourrait donc croire que tous les problèmes psychologiques sont causés par des déséquilibres biochimiques.

D'un autre côté, notre biochimie a bien certainement été influencée par notre éducation et nos expériences. C'est pour ces raisons que nous devons considérer les facteurs internes ainsi que les facteurs externes mentionnés ci-dessous, en tentant de comprendre la dépression et ses causes.

Certaines formes de dépression peuvent être comprises de la même manière que n'importe quelle autre maladie.

Dans ces cas, il semble y avoir quelque chose qui ne fonctionne pas bien dans le cerveau. La chimie du cerveau semble être altérée de manière à avoir un impact sur l'humeur, et ces changements d'humeur ne semblent pas fortement liés à un événement externe.

Le trouble bipolaire, où les humeurs peuvent changer de profonds épisodes de dépression en des épisodes maniaques, où la personne se sent pratiquement surhumaine, est un exemple de ce qui serait généralement considéré comme une maladie.

Ceci étant dit, il est possible et très probable que les mécanismes biologiques nous affectent tous et contribuent de façon importante à toutes les formes de dépression, et ce, même lorsque le cerveau fonctionne normalement.

Par exemple, même si nous n'avons pas une compréhension exacte de la façon dont ils nous affectent, nous savons que les facteurs comme nos niveaux d'hormones et notre nutrition ont un impact sur notre humeur.

Si vous avez plus d'un enfant ou des frères ou sœurs, vous avez remarqué qu'il n'y a pas deux personnes avec le même tempérament. Nous sommes tous nés avec notre propre lot de traits et de tendances. Certains d'entre nous sont plus aventureux, alors que d'autres sont davantage hésitants. Certains se fâchent facilement, alors que d'autres ont tendance à prendre les choses une à la fois. De la même façon, certains semblent heureux la majorité du temps alors que, d'autres, ont tendance à être sérieux et pessimistes.

Même si notre tempérament inné est une composante majeure de notre personnalité, nos traits sont aussi beaucoup affectés par nos expériences.

Nous sommes également influencés par nos valeurs familiales, par la culture de notre société et par chaque expérience que nous avons vécue. Ce mélange unique signifie donc qu'une situation particulière ne peut jamais être comprise de la même manière par deux individus et ne peut pas affecter deux personnes de la même façon.

Même si tous les événements sont vécus à travers nos valeurs et croyances personnelles, certains sont si intenses que la dépression est presque inévitable. La mort d'un être cher, par exemple, aura généralement un impact profond sur chacun d'entre nous.

Dans de telles situations, de forts sentiments dépressifs seraient considérés comme une réaction normale. Même si nous avons tous besoin d'un certain temps avant de pouvoir retourner à un fonctionnement normal, pour certaines personnes, la dépression s'attarde et va au-delà de ce qui est normalement observé.

La vaste majorité des gens qui consultent pour dépression ne le font pas suite à un seul événement.

Souvent, ils luttent avec des symptômes dépressifs intermittents pendant une longue partie de leur vie. Ils rapportent généralement une succession d'échecs réels ou imaginaires tout au cours de leur vie.

Même si un événement significatif peut avoir déclenché un épisode de dépression et les avoir poussés à consulter, la vulnérabilité était généralement déjà présente.

Le résultat - et parfois la cause - des facteurs mentionnés ci-dessus, est la personnalité qui nous définit. Les variables biochimiques et le tempérament interagissent avec notre développement. La personnalité qui émerge de nous affecte ensuite comment nous agissons dans la vie. C'est notre compréhension des événements et nos réactions face à ceux-ci qui rend certains de nous vulnérables à la dépression.

Certaines personnalités sont simplement plus sujettes à la dépression.

Les gens timides, par exemple, se sentiront souvent pris dans des situations insatisfaisantes, les perfectionnistes seront toujours déçus d'eux-mêmes ou irrités par les autres, les individus dépendants se retrouveront souvent dans des situations où on peut profiter d'eux.

C'est donc pourquoi nous devons essayer de comprendre nos habitudes personnelles si nous voulons nous protéger de la dépression. Si nous avons des habitudes qui nous rendent vulnérables et que nous ne les changeons pas, par des moyens pharmacologiques ou psychologiques, la dépression risque de demeurer un combat de toute une vie".

Des avocats américains et canadiens créent des sites contre la dépression et accompagnent les avocats souffrant de cette maladie !

Daniel T. Lukasik, (@DanLukasik) un avocat américain, est le créateur du site lawyerwithdepression.com, le premier website spécialisé sur le thème de la dépression des avocats, aux Etats-Unis.

Il a également contribué à la réalisation du documentaire « A terrible melancholy, depression in the legal profession ».

Son travail fait l'objet de reportages dans le New York Times, the Wall Street Journal, the Washington Post, the National Law Journal, ABA Journal, Boomberg Law, Law 360, sur CNN, et d'autres médias. Il est le directeur de Workplace Well Being Program pour l'association de santé mentale avec le Mindset program.

D'autres avocats américains proposent une aide à la prise en charge des conséquences du stress chez les avocats.

Me Gordon Cudney, avocat associé à Ottawa, dans le cabinet de Gowing WLG, souffre de dépression depuis une dizaine d'années. Il a décidé de ne pas cacher ses difficultés. Bien au contraire, il est vice-président du conseil de la Fondation de santé mentale Royal Ottawa. Il a reçu le prix du leader bénévole pour la santé mentale, décernée par la Fondation. Il aide le Royal Ottawa Care Group à offrir des soins adaptés aux patients vivant dans l'est de l'Ontario, victimes de maladies mentales.

Me Gordon Cudney affirme que partager ses émotions, échanger, se rapprocher de sa famille, sont déterminants. Mieux, il déclare "çà m'a permis d'établir une meilleure connexion avec mes clients. Ils me voient comme plus empathique, capable de comprendre ce qu'ils peuvent être en train de traverser. Je pense qu'être ouvert et en parler ouvertement aide beaucoup, en tout cas, moi, ça m'a très bien servi."

James Gray Robinson (@divinelightmstr) est aussi un avocat qui a présenté des difficultés personnelles, dont des troubles dépressifs. Il est auteur d'articles sur son blog et sur le site de ABA (@ABAJournal). Me Robinson fait aussi des vidéos sur différents thèmes, notamment sur l'insomnie.

Un de ses derniers articles porte sur la Covid-19 et sur le cortisol. James Gray Robinson rappelle que plus de 20 % des avocats présentent en temps normal des excès de substances et des problèmes psychologiques. Il faut agir sans discontinuer.

L'avocat québécois Rénald Beaudry raconte aussi son combat contre la dépression.

Certains professeurs américains de droit évoquent publiquement leur combat contre les maladies mentales.

Le professeur Elyn Saks a évoqué sa schizophrénie, via My Journal Through madness. La professeure Lisa MC Elroy a évoqué ses troubles anxieux via un article sur Slate. Le professeur James Jones de Louisville évoque ses troubles bipolaires via un article dans le Journal of Legal. Brian Clarke, avocat et professeur de droit, souffrant de dépression et de troubles anxieux généralisés, travaille beaucoup sur la question.

Les juges s'expriment aussi sur leur dépression !

Autre témoignage sur les effets de l'anxiété et de la dépression, celui de la juge Michelle Hollins de la Cour du Ban de la Reine en Alberta. Ex avocate associée du cabinet Dunphy Best Blocksome, dans une première vie professionnelle, elle continue de lutter contre les méfaits de ces maladies.

Mais le magistrat le plus connu ayant accepté de rendre public ses problèmes de santé mentale est l'honorable Clément Gascon dont nous avons parlé lors des explications sur le Pamba.

Pour illustrer ce courage de certains professionnels du droit, rappelons donc tout particulièrement le parcours de l'honorable Clément Gascon.

Admis au Barreau du Québec en 1982, l'honorable Clément Gascon a exercé pendant 21 ans comme avocat et associé au sein du cabinet Heenan Blaikie à Montréal, en droit du contentieux, commercial et en droit du travail. Il a enseigné à l'université. Il a été nommé à la Cour d'appel du Québec le 5 avril 2012. Il a ensuite accédé à la Cour suprême du Canada le 9 juin 2014. Il a quitté la magistrature le 16 septembre 2019 suite à des problèmes de santé psychologique.

Le juge Clément Gascon a pris sa retraite anticipée en septembre 2019 (même si on peut siéger jusqu'à 75 ans) après une disparition brève mais "qui a profondément inquiété son entourage".

La police d'Ottawa a retrouvé le juge sain et sauf.

Remarquable de transparence et dans l'absence de tout déni, le magistrat n'a pas caché ses troubles psychologiques, causes de la disparition.

Il déclare publiquement qu'il souffre depuis plus d'une vingtaine d'années de dépression et de troubles de l'anxiété. « C'est une maladie qui se soigne, se traite et se contrôle, certains jours mieux que d'autres ».

Le magistrat, ex-avocat, à ce moment, décrit alors ce qui s'est passé ce fameux 8 mai 2019. Il explique que « dans le contexte de l'annonce récente d'une décision de carrière difficile et déchirante et d'un changement parallèle de médication, il a eu « un comportement inédit et inhabituel en s'absentant sans avertir et sans contacts pendant plusieurs heures ».

Il reprend « je ne peux ni expliquer ni justifier ce que je comprends être une crise de panique, et j'exprime mes profonds regrets envers tous ceux et celles qui ont durement fait les frais ».

Richard Wagner, le juge en chef de la Cour Suprême du Canada, a souligné les qualités du juge Gascon et l'a invité à reprendre son travail. Richard Wagner est lui aussi un ancien avocat. En 1980, il a intégré le Barreau du Québec. Il a exercé en tant qu'associé au cabinet Lavery, de Billy. Il a été Bâtonnier du Barreau de Montréal de 2001 à 2002.

Finalement, le juge Gascon a préféré quitter la magistrature mais il ne s'est pas retiré du monde du droit. Il a intégré, après s'être reposé, en avril 2020, le cabinet d'avocats Woods comme senior counsel.

On imagine très difficilement une telle transparence en France ou dans bien d'autres pays.

Précisons que Radio Canada a publié un article sur cette affaire qui a eu un grand retentissement au-delà du secteur du droit.

Le juge en chef Wagner déclare « je pense que cet épisode a démontré qu'il ne faut plus cacher, qu'il ne faut plus avoir honte des problèmes qui affectent beaucoup de Canadiens et pas seulement des avocats, pas seulement des citoyens d'une classe en particulier ».

Il a fait un véritable plaidoyer pour les personnes qui doivent « conjuguer avec des problèmes d'anxiété des problèmes de maladie mentale.

Le haut magistrat a réclamé « appuis et encouragements ».

« Il faut continuer à les inclure » insiste le juge en chef. Si le seul résultat de cet épisode-là qui a été malheureux pour tout le monde, est de réaliser jusqu'à quel point maintenant, il faut faire la promotion pur les soins pour ces personnes-là, pour encourager ces gens-là et ne pas les mettre au ban, je pense que ce serait un résultat positif ».

Ex avocat devenu juge, puis redevenu avocat, l'honorable Gascon, participe en tout cas, de toute son expérience à faire progresser la lutte contre les RPS, au sein du Barreau du Québec.

SOURCES

Pelissolo Antoine "Dépression : s'enfermer ou s'en sortir"
Site de l'Institut du Cerveau et de la Moêlle épinière

Krill Patrick et autres - The Prevalence of Substance Use and Other Mental Health Concerns Among American Attorneys - Journal of Addiction Medicine - Février 2016

Rapport de 123 pages de la Supreme Judicial Court Steering Committee on Lawyer Well-Being, sous la présidence de Margot Botsford, juge à la Cour Suprême - Juillet 2020

Phillips Caroline - Ottawa lawyer - Gordon Cudney recognized for shining spotlight on mental health - 2 mars 2018 -

Clarke Brian - The faculty lounge – Conversations about law, culture and académie Law Professors, Law Students and Depression . . . A Story of Coming Out (Part 1) 31 mars 2017

Clarke Brian - The faculty lounge – Conversations about law, culture and académie Law Professors, Law Students and Depression . . . A Story of Coming Out (Part 2) 2 avril 2014

Parent Jean-François - Droit INC - Dépression : que font les cabinets ? 24 janvier 2019

Martel Eric - Droit INC - Comment un avocat déprimé peut-il se sortir la tête de l'eau ? 18 septembre 2018

Martin Andrée - TVA Nouvelles - Le Journal du Québec - L'avocat Renald Beaudry raconte son combat conte la dépression - 13 mars 2018

Canadian Bar Association - Surmonter le stress et éviter le surmenage - techniques adaptées au juriste -

La presse canadienne - La dépression - Plus de 40 % des avocats du Québec souffriraient de détresse psychologique - 13 juin 2019

Koltai Jonathan - Schieman Scott - Dinovitzer Ronit - The status-health paradox - organizational context, stress exposure and well-being in the legal profession - Journal of health and social behavior - janvier 2018

Poirier Philippe Jean - Les avocats plus sujets à souffir d'une dépression ? - Jobs.ca - 16 février 2018

Barreau de Montreal - dépression et épuisement capsule-vidéo de la psychologue Rose-Marie Charest plus le témoignage de Maître Julie Goineau

Romeo Bruno - Meta-Analysis of short and Mid Term efficacy of ketamine in unipolar and bipolar depression - PuBmed - 15 décembre 2015-

Middlemiss Jim - Canadian Lawyer - Nova Scota Judge Timothy Daley has experienced first-hand how a mental health can impact a carier and personal life - 20 mai 2019

California Lawyers Association - California Lawyers Association announces groundbreaking new research projet on lawyer mental health and well-being - 10 janvier 2020

Site de la Cour Suprême du Canada - bibliographie de l'Honorable Clément Gascon

Le Journal de Montréal - Le juge Clément Gascon dévoile être victime de troubles dépressifs - 14 mai 2019

Radio-Canada - Le juge Clément Gascon s'explique sur sa disparition - 14 mai 2019

La Presse Canadienne - Le juge de la Cour Suprême Clément Gascon explique son étrange disparition - 16 mai 2019

Carolina Bernise - Woods welcomes former SCC judge Clement Gascon as senior counsel - 2 avril 2020

Daniel T. Lukasik - @DanLukasik- lawyerwithdepression.com

6 – Prendre soin de toi – Me François Sénéchal et Me Vassilis Fasfalis

Kelk Norm – Courting the blues : attitudes towards depression in Australian law students and lawyers – Université de Sydney - Janvier 2009 – 104 pages

L'AVOCAT FACE A L'ETAT DE STRESS AIGU

L'état de stress aigu est un état d'anxiété comportant des caractéristiques spécifiques.

Toutes les études évoquées précédemment, montrent que la profession d'avocat est largement victime. Chaque individu présente naturellement des spécificités, des vulnérabilités en fonction de ses expériences passées et de ses fragilités naturelles. Tout dépend aussi de la pratique professionnelle de l'avocat.

Toutefois, connaître le tableau général de l'état de stress aigu est utile pour mieux prévenir les effets. C'est un combat collectif et individuel. Bien sûr, un très grand nombre de livres médicaux ou de vulgarisation, existe sur la question.

Nous pouvons surtout consulter le site du centre d'études sur le stress humain (CESH) dirigé par la spécialiste en neurosciences, Sonia Lupien.

Sonia Lupien intervient pour le Barreau du Québec qui utilise ses compétences.

Rappelons les fondamentaux du stress aigu.

L'état de stress aigu apparait dans le mois suivant un traumatisme psychique. Il aurait une durée évaluée entre 2 à 28 jours.

Le diagnostic repose sur les critères recommandés dans le « Diagnostic and Statistical Manual of Mental Disorders », (DSM-5 – American Psychiatric Association)) et la CIM 10 (Classification internationale des maladies). Ces deux sources divergent quelque peu sur certains points.

Ces critères comprennent les troubles dépressifs, les symptômes dissociatifs, d'évitement et de stimulation.

Pour répondre aux critères, les patients doivent avoir été exposés directement ou indirectement à un événement traumatique.

Contrairement au trouble de stress post-traumatique, les troubles associés au stress aigu ne durent pas plus de 1 mois.

Le patient peut avoir des souvenirs récurrents, involontaires, pénibles et envahissants de l'événement.

Il peut faire des rêves inquiétants et récurrents à propos de l'événement.

Il peut subir des réactions dissociatives comme des flash-backs dans lesquels l'impression de revivre le traumatisme fragilise beaucoup.

Le patient ressent un sentiment intense de détresse psychologique ou physiologique quand on lui rappelle l'événement, notamment en citant le lieu, ou un endroit qu'il associe au lieu, des mots, des sons similaires à l'événement.

Une incapacité persistante à vivre des émotions positives, d'exprimer le bonheur, la satisfaction, des sentiments, est constatée.

Le sentiment de réalité peut s'altérer, plongeant le patient dans un état second perçu comme tel.

Une incapacité de se rappeler une partie importante de l'événement traumatique peut être constatée.

Des efforts sont faits pour éviter les souvenirs, les pensées, les lieux, les conversations, les activités, les situations ou les sentiments pénibles associés à l'événement.

Les troubles du sommeil sont importants. On observe une irritabilité, des pertes de contrôle avec des accès de colère. Une hyper vigilance est constatée avec des difficultés de concentration mais aussi une excitabilité. Le sommeil est appréhendé avec angoisse. Il n'est plus réparateur. On se reportera au chapitre sur le sommeil pour d'autres précisions.

En outre, les manifestations doivent causer une détresse importante ou entraver significativement leur fonctionnement social ou professionnel et ne pas être attribuable aux effets physiologiques d'une substance (drogues, médicaments) ou d'autres problèmes médicaux comme des co-morbidités.

Quels traitements proposer ?

Des débriefings ou des entretiens de soutien sont utiles.

Nombre de patients guérissent quand ils sont éloignés de la situation traumatique.

Si on leur offre repos, compréhension, empathie, la possibilité d'expliquer ce qui s'est passé et de justifier leur réaction, une amélioration est constatée.

Les hypnotiques permettent de faciliter l'endormissement. Les autres médicaments comme les benzodiazépines ne sont généralement pas indiqués à cause de leurs effets secondaires.

Aucun traitement consensuel de l'état de stress aigu n'existe réellement mais méditation, yoga, sport, mentorat, groupe de Balint, s'avèrent des recours nécessaires. Ils doivent être recensés et proposés aux praticiens.

La vraie difficulté est la réexposition et la surexposition aux mêmes facteurs, qui ont raison de l'endurance du sujet. Le stress post-traumatique n'est pas jamais bien éloigné, avec son cortège de handicaps. La plus grande vigilance et la meilleure prévention doivent impérativement mobiliser tous les protagonistes au sein de la profession d'avocat.

De multiples travaux sont en cours sur le stress aigu. L'objectif reste de mieux prévenir et analyser ses effets au sein de la profession d'avocat.

SOURCES

Guelfi Julien Daniel - Rouillon Frédéric - Manuel de Psychiatrie - 3 e édition - Elsevier Masson
Site du centre d'études sur le stress humain (CESH) dirigé par la spécialiste en neurosciences Sonia Lupien. Référence sur le site du Barreau du Québec

L'AVOCAT FACE AU STRESS POST TRAUMATIQUE

L'état de stress post-traumatique (ESPT) ou en anglais the Post Traumatic Stress Disorder (PTSD), est une catastrophe qui n'est pas réservée aux militaires, aux policiers ou aux victimes d'agressions.

L'avocat est exposé très largement.

Actes de terrorisme, assassinats, crimes, tortures, barbaries, génocides, crimes de guerre, viols sur adultes, sur enfants, mutilations, pédophilie, esclavage, crimes contre l'humanité, missions humanitaires mais aussi tentatives d'assassinats sur l'avocat, incarcération de l'avocat, tortures, tels sont les domaines où certains avocats doivent s'investir, enquêter, travailler, défendre l'auteur ou la victime et les facteurs déclenchant le PTSD.

L'avocat n'est pas victime directe mais une sorte de protagoniste au sens où il traite et partage les informations.

C'est une sorte de victime par ricochet lorsque le PTSD trouve son origine dans la défense de son client, auteur ou victime.

Par contre, lorsque les actes de violences concernent l'avocat, il devient une victime directe, comme nous le verrons dans le chapitre sur le risque mortel d'être avocat.

Des témoignages de victimes, des vidéos, des photos, des reconstitutions, des audiences, des interrogatoires, des menaces personnelles, sur ses proches, des tentatives d'assassinats, des assassinats de confrères, tout peut faire basculer un avocat dans l'enfer du stress post-traumatique.

Son rôle est de les recenser, de les analyser et de les utiliser Certains pays n'éludent pas le problème, d'autres semblent quelque peu indifférents aux conséquences sur la santé de l'avocat ou démunis.

Rappelons ce qu'est le stress post traumatique pour inviter le praticien à se repérer.

Auparavant, les troubles liés à un facteur de stress et à un traumatisme étaient considérés comme des troubles anxieux.

Ils sont à présent considérés comme distincts parce que de nombreux patients n'ont pas d'anxiété. Ils développent plutôt des symptômes d'anhédonie ou de dysphorie, de colère, d'agression, ou de dissociation.

Rappelons les critères cliniques.

Le diagnostic découle des critères du "Diagnostic and Statistical Manual of Mental Disorders", (DSM-5), déjà évoqué.

Les patients doivent avoir été exposés directement ou indirectement à un événement traumatique. Ils doivent avoir des symptômes de chacune des catégories suivantes pour une période supérieure ou égale à un mois.

Quels sont les tableaux cliniques ?

Avoir des souvenirs récurrents, involontaires, intrusifs, perturbants
Avoir des rêves inquiétants récurrents (par exemple des cauchemars) de l'événement
Agir ou souffrir comme si l'événement se déroulait de nouveau. Cela concerne les flash-backs à une totale perte de conscience de l'environnement présent
Avec un sentiment intense de détresse psychologique ou physiologique quand on lui rappelle l'événement (par exemple lors de la date anniversaire ou lorsqu'il entend paroles, bruits et sons similaires à ceux perçus pendant l'événement)
Avoir des symptômes d'évitement avec au moins un de ceux listés ci-dessous :
Eviter les pensées, les sentiments ou souvenirs associés à l'événement
Eviter des activités, des lieux, des conversations ou des personnes qui déclenchent des souvenirs de l'événement
Ressentir des effets négatifs sur les capacités intellectuelles et l'humeur avec au moins deux des symptômes ci-dessous.

Avoir une perte du souvenir d'éléments importants de l'événement (amnésie dissociative)

Avoir des croyances ou attentes négatives tenaces et exagérées à propos de soi, des autres, ou sur le monde

Avoir des idées déformées persistantes sur la cause ou les conséquences du traumatisme qui conduisent à s'accuser soi-même ou les autres

Etre dans un état émotionnel négatif persistant (par exemple, la peur, l'horreur, la colère, la culpabilité, la honte)

Montrer une diminution marquée de l'intérêt ou de la participation à des activités importantes

Avoir un sentiment de détachement ou d'éloignement des autres

Avoir une incapacité persistante à vivre des émotions positives (par exemple, le bonheur, la satisfaction, des sentiments tendres)

Ressentir une excitation et une réactivité altérée avec au moins deux symptômes ci-dessous.

Présenter des difficultés d'endormissement

Souffrir d'une irritabilité ou d'accès de colère

Avoir un comportement imprudent ou autodestructeur

Présenter des difficultés de concentration

Avoir une augmentation de la réaction de sursaut

Avoir une hyper vigilance

En outre, les manifestations doivent causer une détresse importante ou entraver significativement le fonctionnement social ou professionnel et ne pas être attribuable aux effets physiologiques d'une substance ou d'un autre trouble médical.

Concernant les facteurs de risques, pour un même évènement traumatique, on observe deux fois plus de stress post traumatique chez les femmes.

Les antécédents de troubles anxieux ou dépressifs jouent un rôle.

La nature de l'évènement et la manière dont celui-ci s'inscrit dans l'histoire personnelle du sujet est très importante.

A partir d'un certain nombre de cas, la vulnérabilité peut être extrême.

Concernant l'épidémiologie, la prévalence de l'ESPT est très variable, selon le type de population, la nature de l'évènement traumatique.

Les pathologies associées sont la règle de l'ESPT qui n'est que rarement isolé.

La dépression est un trouble associé dans la moitié des cas.

Certains abus voire une dépendance à des substances, l'alcool, drogues et à certains benzodiazépines sont observés. Il y a les troubles phobiques, l'anxiété généralisée.

Les traitements reposent sur les antidépresseurs, en première intention.

Il faut éviter par contre les benzodiazépines pour les troubles de mémoire et la dépendance.

Des psychothérapies d'orientation cognitive et comportementale avec restructuration des cognitions erronées, (sentiments de culpabilité, dangerosité de l'environnement et techniques d'exposition).

La prévalence-vie entière avoisine 9% et la prévalence sur 12 mois est d'environ 4%.

Une psychothérapie peut être envisagée.

La première forme de psychothérapie utilisée, la thérapie par exposition, comporte l'exposition à des situations que le patient évite parce qu'elles peuvent déclencher la reviviscence du traumatisme.

L'exposition répétée en imagination, à des représentations relatives à l'expérience traumatique, réduit habituellement la souffrance, après une augmentation initiale du sentiment de malaise.

La désensibilisation par les mouvements oculaires est une forme de thérapie d'exposition. Dans cette thérapie, les patients sont invités à suivre le doigt du thérapeute qui bouge pendant qu'ils imaginent être exposés au traumatisme.

Les thérapeutes doivent avoir une attitude ouverte, empathique et compréhensive, en reconnaissant et prenant en compte la douleur morale du patient et la réalité du traumatisme.

Au début du traitement, de nombreux patients doivent apprendre à se détendre et à contrôler leur anxiété (par exemple par la pleine conscience, des exercices de respiration ou les techniques du yoga) avant de pouvoir tolérer une exposition à l'objet du traitement du trouble de stress post-traumatique.

Des inhibiteurs sélectifs de la recapture de la sérotonine ou un autre traitement médicamenteux sont également souvent utilisés.

Non traité, le trouble de stress post-traumatique chronique diminue d'intensité sans toutefois disparaître. Néanmoins, certains patients restent gravement handicapés dans leur vie sociale et professionnelle.

SOURCES

Graffin Neil - The emotional impacts of working as an Asylum Lawyer - Refugee Survey Quarterly - Volume 38, Issue I - March 2019 - pages 30-54

Supreme Judicial Court Steering Committee on Lawyer Well-Being Report to the Justices - Juillet 2019

National Task Force on Lawyer Well-Being, the Path to Lawyer Well-Being : Practical Recommendations for Positive Change (2017)

Levin, A. P., Albert, L., Besser, A., Smith, D., Zelenski, A., Rosenkranz, S. and Neria Y - Secondary traumatic stress in attorneys and their administrative support staff working with trauma-exposed clients - The Journal of Nervous and Mental Disease, 199, 946–955 – 2011

Elwood, L. S., Mott, J., Lohr, J. M., Galovski, T. E - Secondary trauma symptoms in clinicians - A critical review of the construct, specificity, and implications for trauma-focused treatment - Clin Psychol Rev, 31, 25–36 - 2011

Schafer, I. and Najavits, L. M. (2007) - Clinical challenges in the treatment of patients with posttraumatic stress disorder and substance abuse. Curr Opin Psychiatry, 20, 614–618 – 2007

Figley, C. R. (1995) - Compassion fatigue as secondary traumatic stress disorder: an overview. In Figley C. R. (Ed), Compassion fatigue - Coping with secondary traumatic stress disorder in those who treat the traumatized (pp 1–20). Levittown, PA: Brunner/Mazel

P. Jaffe, C.Crooks, B.L. Dunford-Jackson, and M. Town - Vicarious Trauma in Judges - The Personal Challenge of Dispensing Justice, 54 Juv. & Fam. Ct. J. 1-9 – 2003

Levin A – Greisberg S - Vicarious Trauma in Attorneys, 24 Pace L. Rev. 245-257 - 2003

Levin A - Secondary Trauma and Burnout in Attorneys - Effects of Work with Clients Who are Victims of Domestic Violence and Abuse - 2008

LES SUICIDES DES AVOCATS

En France, aucune étude n'est disponible sur le suicide des avocats, des étudiants en droit ou encore sur les magistrats contrairement aux professionnels de santé où le thème fait l'objet de quantité d'enquêtes.

Les médecins s'occupent des médecins, mais pas vraiment des avocats. A qui la faute ? Pourquoi autant de différences entre les avocats français, américains, canadiens sur cette question, pour ne citer qu'eux ?

Une des dernières enquêtes françaises publiées en mai 2020, réalisée par le docteur Ariel Frajerman de la Fondation Jean Jaurès, porte sur la santé mentale des internes. Cette enquête alerte sur la prévalence des épisodes dépressifs et la multiplication des cas de suicide parmi les futurs médecins.

L'étude de la fondation Jean-Jaurès estime le taux de suicide des internes à 33 pour 100 000.

A titre de comparaison, celui de la population générale pour la même tranche d'âge (25-34 ans) est de 10,9 pour 100 000 habitants en 2014. L'étude conclut qu'un interne en médecine a trois fois plus de risques environ de se suicider qu'un Français du même âge de la population générale.

En France, les cas de suicide d'avocats restent inconnus, sauf quelques exceptions.

Le suicide de Maitre Olivier Metzner, en mars 2013, au large de l'ile de Boédic a surpris, sa réussite matérielle et professionnelle n'étant pas discutée.

En 1997, Denis Robert a interviewé Olivier Metzner pour son film « Journal intime des affaires en cours ». Le thème du bien et du mal est alors abordé.

L'avocat affirme alors que le bien n'existe pas. Le journaliste rétorque que « ce doit être dur, parfois de rentrer chez soi le soir, après des journées de travail à répéter des choses auxquelles on ne croit pas. Une larme coule sur la joue d'Olivier Metzner puis il éclate en sanglots. Il demande l'interruption de la caméra ».

Puis, Metzner se confie à Denis Robert en disant « j'ai raté ma vie, mon vrai bonheur aurait d'être marin et de partir en mer.

Cet avocat célèbre avait-il une identité d'emprunt ?

La gratification narcissique provenant de la médiatisation peut-elle influer sur la personnalité ?

La médiatisation peut accroitre la vulnérabilité. Mais il est impossible d'expliquer un cheminement vers le suicide sans être dans l'entourage de la personne.

Un autre cas de suicide d'avocat français ponctuellement médiatisé mais très vite oublié est celui de Maitre Joseph Scipilliti. Celui-ci en proie à des difficultés personnelles et professionnelles a tiré le 29 octobre 2015 sur le Bâtonnier de Melun, Henrique Vannier, le blessant gravement.

Maître Scipilliti s'est ensuite suicidé.

Concernant les magistrats, où l'omerta est aussi totale, personne n'oubliera le suicide le 11 juillet 2017 du juge Jean-Michel Lambert, juge d'instruction dans l'affaire Grégory. Aucun avocat ne peut rester indifférent à cette affaire. La souffrance des magistrats est connue mais l'omerta règne la plupart du temps.

Dans le film écrit et réalisé par Danièle Alet en 2016, intitulé "Sois juge et tais toi", une coproduction Cinétévé - LCP-Assemblée Nationale -, la souffrance non exprimée des magistrats est mise en lumière. Le film évoque notamment le suicide de Philippe Van Tran, juge d'instruction à Pontoise, en 2010.

Contrairement aux Français, les Américains et les Canadiens, notamment, n'hésitent pas à traiter le sujet.

Selon les études américaines évoquées précédemment, l'avocat a 3,6 fois plus de chance de faire une dépression que les autres personnes parmi 104 autres professions.

Le suicide compterait pour 8 % de tous les décès des avocats aux Etats-Unis et au Canada. C'est la troisième cause de décès chez les avocats.

Le chiffre de 69,3 suicides chez les avocats pour 100 000 dans la population générale est avancé.

A rapprocher des 33 pour 100 000 chez les internes en médecine en France et des 10,9 pour 100 000, moyenne générale en 2014 en France, rappelée plus haut !

Mais comment faire des comparaisons ? Le métier d'avocat, dans les autres pays, répond à d'autres impératifs qu'en France. Toutefois, les recherches doivent continuer.

L'article de Rosa Flores de CNN du 20 janvier 2014, « Why are lawyers killing themselves ? », parmi d'autres sources, résume bien la situation.

C'est un réel sujet pour les médias américains.

La prévention du suicide doit naturellement se développer absolument à travers la prise en considération des RPS, dont certains y mènent sans coup férir. Là ancore, chaque pays aborde la question différemment en fonction de sa culture.

SOURCES

Flores Rosa – Arce Rose Marie – CNN - Why are lawyers killing themselves? 20 Janvier 2014
Tison Florence – Un avocat anti-féministe sur une lancée meurtrière se suicide - Droit INC – 24 juillet 2020
Krill Patrick - CNN Why lawyers are prone to suicide – 3 janvier 2014
Walter Max - One in 15 junior lawyers has had suicidal thoughts - the Law society Gazette – 8 avril 2019 –
Suicide : quels liens avec le travail et le chômage ? Penser la prévention et les systèmes d'information, Observatoire national du suicide - 4e rapport - juin 2020
Bacqué Raphaëlle – Le Monde - La dérive mortelle de Me Joseph Scipilliti - 29 octobre 2015
Clarke Brian - The faculty lounge – Conversations about law, culture and académie Law Professors, Law Students and Depression . . . A Story of Coming Out (Part 1) 31 mars 2017 (suicide)

L'AVOCAT FACE AUX PROBLEMES PSYCHOLOGIQUES DES CLIENTS

Un client angoissé, nerveux, anxieux, à l'approche d'une comparution devant un juge, n'est pas de nature à alerter un avocat d'un danger potentiel. Il y a une certaine normalité à craindre une audience et à manifester des signes physiques et psychologiques.

Mais seulement jusqu'à un certain point.

La difficulté pour l'avocat est d'identifier ce point où tout peut basculer.

Certes, chaque cas est différent, chaque client est spécifique, demandeur d'asile au terme d'un périple extrêmement dangereux, victime de viol, d'agressions, de la traite d'êtres humains, de vols, la liste est longue.

Chaque praticien peut exposer sa propre expérience, opposer des arguments objectifs, subjectifs.

Lorsque les troubles psychologiques du client génèrent une entrave à une défense adaptée, avec une altération voire une abolition, transitoire ou permanente, aigue ou chronique du discernement, l'avocat doit prendre les devants. Une stratégie spécifique de défense s'impose.

Le pire est le risque de suicide.

Le client peut verbaliser fréquemment devant l'avocat une intention de mettre fin à ses jours en cas d'échec de la procédure. Il réitère ou non son intention lors des rendez-vous ou des audiences. C'est une manière de tenter de mobiliser l'avocat et de le motiver, de le mettre au pied du mur. Gagner ou mourir. Le magistrat peut également avoir ce discours suicidaire par le justiciable.

L'avocat doit réagir dans tous les cas tout en calmant et en raisonnant le client.

Mais quoi faire ?

Un échange téléphonique en présence du client, avec son autorisation, au médecin généraliste voire à un psychiatre, visant à fixer un rendez-vous sans délai, est opportun.

Ce type de situation où le client menace de mettre fin à ses jours se rencontre dans nombre de spécialités.

Un chef d'entreprise en liquidation judiciaire ou une personne licenciée, accidentée, et bien d'autres dans des situations paradoxalement parfois sans gravité apparente pour l'avocat, peuvent évoquer un passage à l'acte.

Le postulat pour l'avocat est de considérer qu'il n'y a pas de petites ou de grandes affaires. Le vécu du client peut parfois donner une envergure tragique à une affaire dont la gravité est toute relative pour un professionnel de la justice.

Le principe est que toute personne confrontée à la machine judiciaire connue pour broyer, est susceptible de « craquer », de décompenser.

L'avocat doit s'entourer d'un réseau de professionnels de l'accompagnement, médecins généralistes, psychiatres, pédopsychiatres, psychologues, tous, acceptant un contact téléphonique direct, avec une réactivité permettant la meilleure prise en charge possible.

L'objectif est de travailler en temps réel, et de ne pas avoir un rendez-vous à trois mois ou plus, comme dans la vie normale mais d'obtenir une consultation, et donc la mise en route de soins potentiels, immédiatement.

Certains avocats considèrent que leur métier, dans leur domaine d'activités, relève du domaine de l'urgence. Ils ne font donc aucune difficulté à remplir cette fonction. D'autres ne s'y risqueront pas, estimant outrepasser une mission de juriste qui doit le rester.

La construction de partenariat avec le monde médical est insuffisamment proposée et conseillée lors de la formation des avocats. Cette pratique semble marginale chez beaucoup d'avocats, laissant au client toute la responsabilité de se prendre en charge. Mais l'objectif est d'améliorer la relation entre le client et l'avocat, et indirectement, de préserver la santé psychologique de l'avocat. A défaut, l'avocat se retrouve aux premières loges, constatant en outre son impuissance.

Les troubles du comportement du client ont des étiologies les plus diverses. Un procès en perspective dans une situation familiale douloureuse est suffisant à provoquer une décompensation et une dépression fulgurantes chez un client jusque là bien portant.

D'autres étiologies découlent d'addictions, alcool, drogues, jeu. Un terrain préexiste à l'épisode judiciaire, épisode qui sera le déclencheur de pathologies évoluant à bas bruit jusque là ou provoquera des consommations accrues d'alcool ou de toxiques.

Le travail de l'avocat consiste à préparer le dossier en tenant compte de la fragilité du client.

Toutefois, le principe de base ne supporte aucune exception. L'avocat doit savoir passer la main au spécialiste de l'accompagnement médical sans jamais se substituer à lui.

Certes, l'avocat montre empathie, compassion et bienveillance, dialogue, rassure, explique, et fait preuve de la plus grande rigueur dans la préparation de l'affaire.

Mais il laisse le professionnel médical remplir sa fonction au moment opportun, à un stade à savoir identifier.

L'avocat se documente aussi sur le profil médical du client déstabilisé sur le plan psychologique, en respectant les règles du secret médical.

Les ordonnances précisant le traitement médical, des attestations et des certificats médicaux sont des pièces appréciables. Il faut savoir aussi que certains médicaments comme les benzodiazépines et les neuroleptiques aux effets secondaires connus, comme par exemple, la désinhibition, éclairent la genèse de certains comportements.

Lors d'un risque d'incarcération avec un mandat de dépôt à l'audience, le dossier médical du client reconstitué souvent avec peine, fait gagner beaucoup de temps. Il peut surtout sauver la vie du client. L'administration pénitentiaire peut prendre certaines mesures de prévention au suicide plus facilement. L'avocat se protège aussi juridiquement en fournissant au juge tous les éléments permettant de fixer la peine. Notons le rapport demandé par le Garde des Sceaux français, Eric Dupond-Moretti, à L'Inspection Générale des Affaires Sociales, sur les suicides en prison.

Lorsque l'avocat reçoit le client en rendez-vous, un membre de la famille ou un ami proche peut assister à l'entrevue, avec l'accord du client. L'étayage social est souvent défaillant, voire inexistant. Le prise de conscience et l'aide de l'entourage, aussi minces soient-elles, sont des pistes à ne jamais négliger.

Un tiers présent lors du rendez-vous est aussi une parade pour l'avocat qui peut expliquer plus précisément certains points. Il peut ainsi réitérer son souhait de voir un traitement médical s'accentuer, se poursuivre, et ce devant témoin.

L'avocat doit en cas d'absence d'observance d'un traitement médical, révélé par le client, ou de refus de suivi psychologique, expliquer les conséquences, et ce, par écrit, si besoin.

L'avocat sollicite très souvent une expertise psychologique, psychiatrique, une enquête sociale auprès du juge afin de compléter le dossier. Mais ces demandes ne sont pas systématiquement satisfaites. Et si elles le sont, en attendant le dépôt du rapport, le magistrat prend une décision provisoire, qui doit reposer sur les éléments médicaux en possession de l'avocat. Le recueil de toutes les informations médicales s'avère donc nécessaire dans tous les scénarios.

Confronté au suicide d'un client, chaque avocat réagit en fonction du contexte, de sa personnalité de son expérience et de son vécu.

C'est une situation qui n'est pas évoquée ou du moins insuffisamment dans les écoles d'avocats. L'avocat peut se culpabiliser. Se reprocher de ne pas avoir détecté les signes d'un passage à l'acte.

Sa responsabilité peut aussi potentiellement être engagée.

Chaque individu a des facultés d'adaptation, de résilience, d'estime de soi, un entourage social, différents.

L'impact émotionnel peut être important. Un stress post traumatique n'est pas à écarter, d'emblée ou à distance.

L'avocat peut se protéger en se faisant accompagner.

L'avocat ne doit jamais apparaitre comme l'ultime recours pour le client souffrant de troubles psychiatriques ou psychologiques. Il est un maillon de la chaine, stratégique certes, mais seulement sur le plan exclusivement juridique et judiciaire. Il n'est ni un ami, ni un membre de la famille, ni un juge, encore moins un soignant. Il incarne le droit et le droit seul.

L'avocat doit aussi insister sur la durée de la procédure, habilement, adroitement, car un client, battant, dynamique, très actif, au démarrage d'une affaire, risque d'évoluer vers un stress et une usure psychologique générant une défaillance grave. Le rapport au « temps judiciaire » s'avère complexe pour nombre de justiciables, qui ne peuvent gérer un stress intense sur la durée.

Tout dépend de la charge de travail de l'avocat et de son activité dominante. Mais la confrontation régulière avec des clients perturbés est incontestablement de nature à aggraver les risques psychosociaux déjà identifiés dans la profession de défenseur.

Des mesures préventives sont nécessaires.

Ainsi, un avocat junior, sans expérience, sera accompagné par un senior, rompu, et sensibilisé aux risques psychosociaux, lors de rendez-vous avec des clients au profil psychologique complexe. Mais les seniors ne sont pas exemptés non plus de se protéger en s'épaulant.

Un débriefing est conseillé avec des rapports d'étapes.

Des notes très précises de chaque rendez-vous permettent de transmettre le dossier géré à un confrère le cas échéant, sans délai.

Un nouvel avocat peut en effet apaiser le client face à ses attentes parfois irréalistes ou dénaturées à cause de la maladie et lui redonner espoir et surtout le sens des réalités.

C'est l'hypothèse où l'avocat n'a plus la confiance du client. C'est aussi le cas où le client a usé littéralement l'avocat ou lorsque des violences verbales, des menaces physiques apparaissent. Il s'agit alors d'un délestage de dossier et d'une rupture totale de lien avec le client, devenu malheureusement une menace pour la santé de l'avocat.

La démarche pour initier une thérapie dans l'intérêt du client, est une manière pour l'avocat de se protéger.

Il est intéressant de signaler une enquête nationale menée en 2019 par le docteur Edouard Leaune, psychiatre au centre hospitalier Le Vinatier à Lyon, portant sur le stress post-traumatique des psychiatres dont un patient s'est suicidé.

Lors du congrès de l'Encéphale en 2019, il a été exposé que presque 800 psychiatres ont été (et beaucoup d'autres le seront) confrontés au suicide de l'un de leurs patients. 20 % des psychiatres vont envisager de changer de carrière à la suite du suicide d'un patient. Les praticiens auront tendance aussi à davantage hospitaliser. Cette enquête montre que 37 % de ces psychiatres n'avaient reçu aucun soutien de leurs collègues et n'avaient fait l'objet d'aucune réunion d'équipe. Un programme Support existe mais il n'est pas appliqué partout.

On ne peut que s'étonner de telles carences dans l'activité de psychiatres. Mais probablement cette situation dérive-t-elle d'un principe de résistance inhérent à la fonction et d'une sorte de croyance dans une immunité qui n'est qu'illusoire.

Parmi les préconisations à lancer, une enquête concernant la façon de procéder des avocats, de réagir, de gérer leur sentiment de culpabilité, post-suicide d'un client, s'avérerait particulièrement intéressante. Un accompagnement de l'avocat est nécessaire. Il semble dans la pratique que les clients présentant des troubles psychiques aient des difficultés à trouver des avocats.

Par ailleurs, confronté au suicide d'un de ses clients, l'avocat peut avoir une stratégie d'évitement et de refus d'assister un client présentant des troubles psychiques. L'avocat peut abandonner la pratique de pans entiers du droit.

SOURCES

Poirier Gabriel - Comment reconnaître et répondre aux traumatismes de vos clients - Droit-INC - 24 septembre 2020

Etude du docteur Edouard Leaune sur le stress post-traumatique des psychiatres

LES RPS LIES A L'EXECUTION CAPITALE DE SON CLIENT

Que se passe-t-il dans l'esprit d'un avocat avant, pendant, et après l'exécution de son client ?

N'est-ce pas la pire des catégories de risques psychosociaux, que d'assister à l'exécution de son client ?

En France, depuis l'abolition de la peine de mort, la question ne se pose plus pour les avocats français. Les générations de praticiens pénalistes qui ont suivi, se posent-elles d'ailleurs la question d'imaginer les risques psychosociaux des anciens, acteurs et témoins du processus judiciaire, aboutissant à la guillotine d'un condamné, parfois innocent, à une époque où les analyses ADN n'étaient pas faites ?

Pour nombre d'autres avocats de bien des pays, dont les Etats-Unis, la peine capitale toujours en vigueur demeure un sujet très préoccupant.

Bien sûr, tout praticien francophone connait l'oeuvre de Victor Hugo et « L'abolition » de Robert Badinter. La qualité de ces ouvrages permet de prendre du recul et d'accéder à la réflexion.

La lecture du procès-verbal de la dernière exécution capitale en France, le 9 septembre 1977, de Hamida Djandoubi, rédigé par la doyenne des juges d'instruction de la ville, Monique Mabelly (1924-2012), commise pour y assister, éclaire particulièrement bien les circonstances d'une exécution capitale.

Comment ne pas faire les pires cauchemars après avoir assisté à l'exécution d'un condamné, de surcroît son client ?

A-t-on au moins réfléchi au delà du calvaire du condamné, au stress post traumatique, pour ne citer que ce RPS, éprouvé par l'avocat ?

Le débat sur le bien-fondé de la peine de mort agite toujours le monde. 72 pays se sont opposés à un moratoire universel sur l'application de la peine capitale lors du vote du 17 décembre 2018 à l'assemblée générale des Nations Unies. 121 pays sur 193 ont voté en faveur de ce moratoire.

Aux Etats-Unis, pendaison, injection létale, chaise électrique, chambre à gaz mais aussi peloton d'exécution sont des moyens d'exécuter dans certains états américains les condamnés.

Certaines exécutions, notamment lors d'administration d'injections létales, ou d'électrocutions, mettent beaucoup plus de temps que prévu ou échouent, renforçant l'horreur et la souffrance du condamné.

Des questions fondamentales se posent.

L'avocat doit-il impérativement assister à l'exécution de son client ? La question n'est-elle pas « est-il ou est-elle en état de le faire" ? D'ailleurs, si on revient à notre histoire judiciaire et à l'histoire de la profession d'avocat, quels textes s'appliquaient-ils en France ? Assister à la guillotine de son client était-il une coutume à laquelle on pourrait déroger, sans subir les foudres des caciques de la profession ? Aucun règlement intérieur ne peut décemment imposer à un avocat d'assister à une exécution. Mais dans le passé, que pesaient nos RPS ? Non identifiés, ou totalement différents de ceux qui fragilisent la profession actuellement, chacun devait gérer pour le mieux sa carrière, avec le mot d'ordre, durer et se soumettre aux rituels.

Assister à l'exécution de son client permet de vérifier les conditions et le respect des règles, d'être présent jusqu'à la fin, l'assistance de l'avocat englobant un accompagnement au pire moment.

Mais c'est aussi un moment tragique pour l'avocat, face à son échec, après avoir tenté grâce présidentielle, recours en tout genre, révision du dossier, expertises psychiatriques, enquêtes refaites.

L'exposition médiatique est une phase très difficilement maitrisable. Fantastique débat juridique et philosophique, la lecture des livres ou documents sur la peine de mort est conseillée.

SOURCES

Badinter Robert - L'abolition

Vie Publique : l'application de la peine de mort en France – 26 février 2019

Mabelly Monique - Le Monde - C'est à ce moment qu'il commence à réaliser que c'est fini - Le Monde - 9 octobre 2013

Manuel – novembre 2016 – Peine de mort aux Etats-Unis – Système judiciaire, procédure pénale et couloirs de la mort – 35 pages.

La défense de condamnés à mort : guide des bonnes pratiques à l'usage des avocats – Death Penalty Worldwide

Website de Death Penalty Information Center

Rapport Death Penalty 2019

Yesko Parker - It's over - charges against Curtis Flowers are dropped - APM Reports - 4 septembre 2020

LE BROW OUT

Le brow out est une forme d'épuisement professionnel. C'est une notion à géométrie variable suivant la personnalité de l'avocat et son secteur d'activité.

Le brow out survient chez une personne, dotée de capacités professionnelles reconnues. La personne éprouve un sentiment de perte ou d'absence de sens du travail effectué.

L'expression elle-même est caractéristique. Elle signifie une baisse de tension, une coupure d'électricité, une absence d'énergie.

Les conséquences les plus fréquentes sont une démotivation et un désinvestissement en raison du manque d'intérêt de ce qu'on fait, de son inutilité voire de son absurdité.

La tension et la souffrance psychique inhérentes au brow out peuvent générer des troubles somatiques et somatiformes.

Chez les avocats, la répétition de certaines tâches donnerait lieu à une impression de réplique, de recommencement avec un travail stéréotypé, gommant alors une créativité et une richesse incarnées par l'esprit de la profession.

Toutefois, le praticien doit veiller à bien distinguer sa perception intime, son ressenti, de la réalité. Un regard extérieur est nécessaire afin de ne pas sombrer dans une auto-dévalorisation. Garder une objectivité est très important. Vouloir enrichir sa pratique est sain et encouragé mais l'analyse du terrain doit être fiable.

La lassitude inhérente à certaines fonctions répétitives devant les tribunaux pourrait expliquer certains brow out.

Plaider devant certains juges et ne pas avoir gain de cause, ou alors rarement, compte tenu du fonctionnement de la justice, peuvent décourager et détourner le professionnel de ce qui était sa passion.

Tout en reconnaissant que l'idéalisation parfois outrancière et persistante de la profession contribue largement à cette déception.

Une autre expression du brow out germerait aussi dans l'agitation de certains avocats, dont les querelles, les rivalités, les conflits d'égo sont nombreux, comme devant absolument nourrir la face cachée de la profession.

Certains praticiens en viennent à éviter de rencontrer certains confrères. Une stratégie d'évitement est alors mise en place subrepticement ou ostensiblement.

Parfois, un véritable boycot est instauré des assemblées générales, des réunions ordinales, voire des groupes de praticiens engagés dans des conversations informelles dans les couloirs.

Ce n'est pas pour aurant que l'avocat éprouve un isolement car telle est sa décision, s'écarter, ragots et jalousies ne l'intéressant pas car synonymes de stérilité, perte de temps et d'énergie.

Le fait également d'être dans l'incapacité de savoir où sa vie professionnelle va mener, est susceptible d'aboutir à une distanciation, au-delà laquelle risque de se développer le brow out.

Travailler dur, encore plus, encore mieux, mais dans quel but ?

Il faut des années pour conclure un dossier souvent banal et affronter un client qui tient souvent les avocats pour responsables.

Faire confiance aux organisations professionnelles de la profession a aussi ses limites. Des grèves en France, des jets de codes, de robes aux pieds de la Garde des Sceaux, des manifestations, des négociations, toujours annoncées comme des étapes importantes voire décisives, des rapports se succédant, ne semblent modifier en rien les difficultés du travail de l'avocat.

Arrivé à un certain âge, les désillusions de voir une justice avec des moyens renforcés, des délais s'écourter, des difficultés professionnelles s'aplanir, des clients dans une relation de confiance et de respect de la justice, une image positive de l'avocat sont légion.

L'incapacité de faire rebondir sa carrière en embrassant d'autres spécialités, en se formant, en renouvelant son entourage professionnel, peut contribuer à générer un brow out.

Il n'y a qu'un pas entre le désinvestissement de sa vie professionnelle et de sa vie personnelle.

D'où le risque de conséquences familiales graves.

L'érosion du plaisir à exercer n'est souvent pas fatale. Elle peut être largement obérée.

Afin d'éviter le brow out, des activités complémentaires inhérentes au métier d'avocat, peuvent enrichir des segments de carrière. Une formation continue dense, régulière, permettant de se déplacer, de rencontrer d'autres visages, d'autres états d'esprit, est à conseiller. Reste à en assumer le coût. Si le cabinet du praticien ne fonctionne pas très bien, le budget de la formation risque d'être limité.

Prévoir d'autres activités est une façon de lutter contre la précarité matérielle, inhérente à la fonction de l'avocat mais aussi contre une certaine pauvreté intellectuelle, lorsque la répétition des actes devient oppressante.

Trouver une excitation au sens propre à exercer compense les effets de cette précarité.

Le professionnel n'a pas le pouvoir de changer radicalement son environnement professionnel mais il peut, bien informé et bien encadré, adjoindre à son travail classique, des activités politiques, humanitaires, associatives, de formation, de cause lawyering.

L'enrichissement permanent du périmètre professionnel est une parade au brow out.

Probablement que le problème le plus important est le tabou de la reconnaissance de l'ennui. Cela ne se fait pas, peu ou d'une manière voilée, car c'est la preuve d'un échec professionnel. On retrouve l'apparat et les apparences. La vie intérieure de l'avocat est souvent totalement déconnectée de la vie extérieure et visible de l'avocat.

L'art de donner le change ne signifie pas échapper aux risques psychosociaux. Le brow out crée un mal de vivre qu'il ne faut pas nier.

En tout cas, la priorité est d'éviter le cumul, brow out sous une forme ou une autre et les dégâts collatéraux, notamment sur la vie personnelle.

Ne pas avoir une vie professionnelle toujours trépidante et excitante est le lot de bien des personnes.

Mais l'avocat, à la barre de son bateau, bien documenté et informé, peut enrichir sa vie professionnelle sans trop de difficulté, en détectant avec l'aide d'un mentor, par exemple, les signes avant-coureurs.

Etre capable de faire rebondir et d'enrichir en permanence sa carrière, c'est survivre.

LE BLUR OUT

Le blur out est une forme d'épuisement qui trouve sa cause dans une absence de frontière entre la vie professionnelle et la vie personnelle. To blur en anglais signifie « se troubler ». On utilise aussi l'expression "Blurring".

Le développement et l'omniprésence des outils connectés, téléphone, ordinateur, entraînent une mobilisation professionnelle quasi permanente dans certains cas.

Donner son numéro de portable, son adresse email, risque d'établir une relation directe et sans limites avec le client.

Le contact direct n'est pas un problème. C'est l'abus potentiel qui est problématique.

La Covid-19, contraignant au télétravail quantité de personnes, a probablement ouvert une autre ère dans l'histoire de Internet.

Reste à évaluer les conséquences à long terme d'une dépendance accrue, dans certains cas, aux objets connectés.

Comment ne pas subir cette évolution ?

Le praticien peut imposer une charte à ses partenaires et clients. Elle prévoit des périodes dédiées à l'échange téléphonique, par exemple.

Un des arguments à invoquer est la qualité. Répondre en temps réel, c'est potentiellement répondre précipitamment. Ne pas savoir éviter la frénésie des échanges d'emails et ne pas savoir couper son téléphone à certaines périodes, ne sont pas synonymes forcément de véritable disponibilité.

Le praticien, censé écouter, analyser, identifier la solution, peut être assailli, coup sur coup, de sollicitations, qui lui font perdre un certain discernement. La disponibilité n'a de sens que si la qualité d'écoute et d'analyse est intacte.

L'accessibilité repose sur des règles et des conventions, notamment des horaires. Rien n'empêche de gérer les urgences avec un protocole différent, mais ce dernier n'est pas l'habitude. Il doit rester dérogatoire. C'est une valeur ajoutée aux yeux du client, facturée différemment. Toutefois, pour le client, tout peut être urgence.

Le praticien doit apporter toute transparence sur son mode de fonctionnement à son client. Le déficit d'explications et de justifications sur ce point est souvent à l'origine d'incompréhensions et de conflits.

Toutefois, l'avocat doit évidemment privilégier empathie et compassion pour rassurer et orienter son client. Par conséquent, s'engager à rappeler ou à répondre par mail dans un laps de temps très court, à un moment calme, serein, permettant une réflexion, reste fondamental.

Rien n'est plus destructeur que de répondre au vol à un client juste avant une audience ou en plein rendez-vous, et le presser de s'exprimer, tout en lui démontrant qu'il dérange ! Mieux vaut enregistrer une annonce sur la boite de réception, indiquant de laisser un message, et l'engagement de rappeler dès que possible. Et surtout de le faire.

Mais n'oublions pas que l'objectif reste de trouver le client et de s'en occuper.

Beaucoup d'avocats travaillant en solo font des transferts d'appel de leur téléphone fixe sur leur portable afin de ne pas perdre de nouveaux clients. Ils préfèrent cette solution à un secrétariat à distance, le client tombant sur une hôtesse, parfois différente à chaque fois, et se bornant à proposer un rendez-vous. L'aspect call center peut déplaire au client.

En réalité, le premier contact téléphonique et sa qualité sont absolument décisifs.

Une des premières questions du client porte sur la nécessité de prendre rendez-vous et le coût.

Seuls le praticien et une assistante très expérimentée peuvent justifier le prix d'une consultation, en indiquant le degré d'urgence à consulter, les conséquences du refus de consulter et surtout l'impossibilité à donner des informations fiables par téléphone sans vérifier les pièces.

L'avocat a quelques minutes pour convaincre. Le ton de sa voix, son écoute, sa douceur, mais aussi sa fermeté, son honnêteté professionnelle sont des signaux pour le client.

Globalement, selon certains spécialistes, l'avocat a beaucoup plus de chances de capter le client si c'est lui qui répond en personne à sa demande de rendez-vous. C'est donc une stratégie très efficace. La tentation est très grande de jouer au standardiste et de tenter sa chance à chaque appel. Certains avocats n'hésitent pas à être joignables aux heures des repas et le week-end.

En septembre 2015, le rapport sur l'impact du numérique sur le travail préconisait l'instauration d'un droit à la déconnexion professionnelle via une négociation d'entreprise. La loi du 8 août 2016 dite loi travail a modifié l'article L 2242-17 du Code du travail. Ces dispositions s'appliquent pour les avocats salariés et autres collaborateurs. Du moins en théorie.

Mais pour les avocats exerçant en libéral, seule une prise de conscience des méfaits des outils numériques est de nature à freiner un usage inconsidéré. Le praticien peut utiliser à haute dose à certaines périodes critiques, spécifiques ou concernant certains dossiers, le téléphone portable.

Concernant les congés, l'avocat solo risque fort de devoir vérifier ses mails quotidiennement, en ayant pris soin, en outre, avant de partir, de missionner un confrère ou une consoeur d'intervenir le cas échéant pour certains dossiers.

En réalité, l'impression de ne jamais se déconnecter de son métier, bien au delà des objets connectés, simples vecteurs dans l'absolu, qu'une touche peut éteindre, assaille bon nombre de praticiens.

Chaque situation diffère bien sûr, en fonction de la personnalité de l'avocat, de son domaine d'exercice et surtout de son degré de prise de conscience des RPS.

UN AVOCAT QUI VEUT BIEN DORMIR

L'avocat et le sommeil ! Les cernes sous les yeux et la fatigue, la nervosité, à certaines audiences, trahissent un sommeil rebelle. Dans ce guide sur les risques psychosociaux des avocats, aborder l'importance de la qualité du sommeil est incontournable.

30 minutes maximum pour un bon endormissement ! Entre 7h et 8h30 de sommeil par jour pour un adulte ! C'est ce qu'on entend le plus souvent.Mais on lit aussi que les Français sont passés sous la barre des 7 heures de sommeil par nuit.

De nombreux avocats s'exclament "je dors peu, je n'ai pas besoin de beaucoup de sommeil !"

Posture pour montrer son invulnérabilité conforme au mythe traditionnel de l'avocat invincible ou vraiment réalité biologique ?

La réalité est que beaucoup d'avocats se plaignent de la qualité de leur sommeil.

Le prix à payer d'un sommeil de piètre qualité est très élevé.

La qualité du sommeil des avocats s'avère un réel défi car elle conditionne énormément de choses.

Les avocats présentent en effet comme beaucoup d'autres professions soumises au stress, des troubles du sommeil. Le constat est logique lorsqu'on prend conscience de tous les risques psychosociaux supportés. Il serait miraculeux de voir le sommeil des avocats ne pas en subir les conséquences.

D'ailleurs, il n'est pas inutile dans ce guide sur les risques psychosociaux de rappeler l'architecture du sommeil, pour bien l'appréhender, sans aller, bien sûr, au delà d'un simple rappel, de très nombreux livres existant sur le thème. Car quel avocat s'est-il penché vraiment sur ce qu'est le sommeil ?

Le professeur Damien Leger du centre de sommeil de l'hôtel Dieu de Paris rappelle que 22 % des personnes ont des troubles du sommeil.

Combien d'avocats souffrent de problèmes de sommeil ?

En fait, bien souvent, le thème du sommeil est noyé dans l'étude d'autres RPS, sans faire l'objet d'analyses et d'enquêtes spécifiques.

Le sommeil est un illustre inconnu dont dépend pourtant la qualité de la vie personnelle et professionnelle.

Les étiologies des troubles du sommeil sont multiples.

Rappelons quelques bases.

Le sommeil normal dure entre 7h et 8h30.

Il est divisé en cycles d'environ 90 minutes.

Chaque cycle se décompose en 5 stades, définis selon les critères des électroencéphalogrammes (IEEG), des électromyogrammes (EMG) et des électrooculogrammes (ECG).

Les stades 1 et 2 correspondent au sommeil lent léger.

Les stades 3 et 4 correspondent au sommeil lent et profond.

Le stade 5 est le sommeil paradoxal au cours duquel surviennent les rêves. Il représente 20 pour cent du temps de sommeil chez l'adulte.

Les troubles du sommeil sont classés en deux catégories.

Les dyssomnies sont les troubles quantitatifs du sommeil. Ce sont les insomnies, les hypersomnies, les troubles circadiens.

Les parasomnies sont toutes les manifestations accompagnant le sommeil. Ce sont les cauchemars, le somnanbulisme, les terreurs nocturnes et les troubles du comportement en sommeil paradoxal.

Pour les insomnies, il peut s'agir de troubles à l'endormissement, de réveils nocturnes au cours de la nuit et d'un réveil trop précoce.

Les conséquences du trouble sont l'asthénie, la somnolence diurne, les céphalées, les troubles de toute nature du comportement.

L'impact sur la vie professionnelle et personnelle de l'avocat peut être majeur. La priorité est d'en prendre conscience.

Quoi faire ? Il est utile de faire un agenda du sommeil. Il permet d'indiquer l'heure du coucher et du lever, l'estimation du temps d'endormissement, la fréquence et la durée d'éventuels réveils nocturnes et d'estimer la qualité du sommeil.

Il peut être utile aussi de recourir à un enregistrement polysomnographique qui étudie objectivement la morphologie et l'organisation temporelle du sommeil.

La polysomnographie est un enregistrement du sommeil pouvant être réalisée en ambulatoire ou dans un laboratoire du sommeil.

Un électroencéphalogramme, un électromyogramme, un électrocardiogramme sont enregistrés. La fréquence respiratoire et la saturation en oxygène sont mesurées.

Revenons sur les insomnies, troubles les plus fréquents.

Les insomnies sont définies comme une difficulté à initier ou à maintenir le sommeil ou un sommeil non réparateur ayant pour conséquence une perturbation du fonctionnement socio professionnel.

Les insomnies primaires sont composées des insomnies transitoires et des insomnies chroniques.

Les insomnies transitoires touchent 30 à 50 pour cent de la population. Elles sont réactionnelles à une situation de stress, en général identifiable, provoquée par un évènement de vie (personnelle ou professionnelle), une affection somatique, des troubles environnementaux ainsi qu'à des évènements professionnels.

Ces insomnies transitoires durent peu de temps. Elles disparaissent spontanément à l'arrêt du facteur causal. Leur traitement peut reposer sur des règles d'hygiène du sommeil, comme le coucher et le lever à heures fixes, ne pas prendre des repas copieux le soir, éviter la caféine, l'alcool, se relaxer avant le coucher, faire de la méditation, du yoga, discuter tranquillement de sujets autres que professionnels.

Les insomnies chroniques sont divisées en insomnie persistante primaire (dite psychophysiologique) et en insomnie idiopathique.

L'insomnie persistante primaire apparait dans les suites d'une insomnie transitoire. Elle évolue ensuite pour son propre compte. Il y a une absence de somnolence diurne. Cette insomnie provoque des asthénies, des troubles mnésiques, des troubles de la concentration, mais altère peu les capacités cognitives.

Quant à l'insomnie idiopathique, elle est rare. Elle débute dans l'enfance. Les spécialistes pensent qu'elle est une probable perturbation des mécanismes neurobiologiques régulant la balance veille/sommeil.

Les insomnies secondaires sont composées de nombreuses pathologies psychiatriques ou somatiques. L'insomnie n'est alors qu'un symptôme et son traitement sera d'abord celui de l'affection causale.

Les insomnies secondaires à un trouble psychiatrique représentent environ 50 pour cent des insomnies chroniques. L'insomnie peut être présente dans l'ensemble des troubles psychiatriques.

L'alcool, la drogue, l'utilisation prolongée de benzodiazépines et d'hypnotiques, leur sevrage, la caféine, sont évidemment des obstacles à un bon sommeil réparateur.

Hypersomnie et sommolence diurnes (baisse de la vigilance mais sans endormissement) sont plus rares que les insomnies et souvent méconnues par les patients.

Dans la dépression, existe une insomnie à type de réveil précoce, avec impossibilité de se rendormir. Tous les types d'insomnies peuvent exister, souvent associées, difficultés d'endormissement du fait de ruminations anxieuses, réveils multiples. Toutefois, dans 15 pour cent des cas, il s'agit d'hypersomnie. Celle-ci s'observe en particulier dans les dépressions saisonnières et dans les dépressions du trouble bipolaire.

Les troubles du rythme circadien comprennent deux entités syndromiques : syndrome de retard et syndrome d'avance de phase. Leur diagnostic repose sur l'interrogatoire et un agenda du sommeil. Une polysomnographie permet d'éliminer une autre pathologie.

Le syndrome de retards de phase est un endormissement qui ne peut survenir avant deux heures du matin, avec par la suite un sommeil de bonne qualité. La problématique de cette pathologie est liée à son inadéquation avec les horaires socio professionnel habituels.

Le syndrome d'avance de phase est un endormissement qui survient trop précocement, et le réveil a lieu vers 3 heures du matin, après un sommeil de bonne qualité. La problématique de cette pathologie est la même que pour le retard de phase.

Se réveiller la nuit n'est pas problématique si le temps d'éveil ne dépasse pas 10% du sommeil total. Selon certains spécialistes, 20% de sommeil lent profond (réparation physique) et 20% de sommeil paradoxal (récupération psychique) permettent de façonner une bonne nuit de sommeil.

Acupuncture, sophrologie, hypnose, yoga (avec ses multiples styles et pratiques), méditation sport (bien dosé) sont des solutions pour obtenir un sommeil de bonne qualité.

Les Barreaux canadiens proposent à travers le programme Pamba comme on l'a vu, beaucoup d'outils, participant à retrouver et à conserver une certaine hygiène de vie. Les organisations d'avocats américaines développent également beaucoup d'actions de prévention.

Quant aux Barreaux français, tout est à faire et probablement se fera, mais nombre d'étapes et de tabous restent à franchir. Le sommeil reste encore quelque chose en France de très intime, très personnel.

SOURCES

Leger Damien – Les troubles du sommeil – QSJ

HAS Recommandations Prise en charge du patient adulte se plaignant d'insomnie en médecine générale

Micoulaud-Franchi Jean Arthur, Guinchard Kelly, Broussin Pierre, Philip Pierre - Le sommeil et ss pathologies - Approche clinique transversale chez l'adulte - Ellipses

Vigarello Georges - Histoire de la fatigue - Du moyen âge à nos jours - Le Seuil

Medscape : Troubles du sommeil – sortir du brouillard – 31 mai 2020

LES RPS DES AVOCATS SOUFFRANT DE HANDICAPS

Souffrir d'un handicap visible ou non, pour un étudiant en droit, un avocat, relève du parcours du combattant. Tout peut être plus complexe, études, examens, exercice, mobilité, accessibilité des enceintes de justice. Le risque est de ne pas être accepté au sein de la profession ou de ressentir des réticences, des discriminations, outre d'affronter les difficultés physiques. Les RPS de toute nature sont des grands dangers.

Regardons quelques actions notamment d'associations françaises, très impliquées.

L'association *DROIT COMME UN H*

Droit comme un H est une association française qui détonne dans le monde du droit.

Que nous dit-on sur son travail ?

"Créé sous forme de collectif en janvier 2017, devenu une association en 2019, Droit Comme un H a pour mission la promotion et l'accompagnement vers les professions du Droit, des talents en situation de handicap, de la L3 jusqu'à l'école d'avocat, en partant d'un constat : peu nombreux aujourd'hui sont les jeunes en situation de handicap qui rejoignent nos professions et osent partager leur situation réelle que nous ne connaissons pas puisque 94% du handicap est non visible".

Cette association réunit aujourd'hui sous le parrainage de Virginie Delalande et de Matthieu Juglar tous les deux avocats en situation de handicap, le Barreau des Hauts de Seine, l'HEDAC école d'avocats du ressort de la cour d'appel de Versailles, le Pré-Barreau, l'Université Paris 2 Panthéon-Assas, l'Association Française des Juristes d'Entreprise et OpenLaw le droit ouvert pour les legaltechs.

Qu'a donné l'étude en 2019 sur le handicap dans la profession d'avocat ?

Menée d'avril à juillet 2019 auprès des 152 premiers cabinets d'avocats en France par les effectifs, l'étude de l'association "Droit comme un H" avait "pour objectif de déterminer les raisons pour lesquelles la profession d'avocats, et plus largement les métiers du droit, sont si peu mobilisés pour intégrer des collaborateurs en situation de handicap". Une relance téléphonique a été faite auprès des 60 premiers qui n'avaient pas répondu.

Les responsables de l'association précisent que "même si l'étude dans cette première édition n'a obtenu que très peu de retours (11 cabinets ont répondu à l'enquête), elle était riche d'enseignement et mérite que l'on y prête attention".

Il ressort de cette enquête que :

"Les cabinets d'avocats ont peu d'opportunité de recruter un.e avocat.e en situation de handicap, et lorsqu'ils en recrutent, c'est un peu par hasard. Ils sont prêts à investir pour faciliter l'insertion de ces personnes "différentes" d'autant que cela va dans le sens de la RSE pour laquelle ils réalisent des actions concrètes. Les cabinets aimeraient bénéficier d'une aide et/ou d'un suivi des processus de recrutement de candidat.e.s en situation d'handicap pour améliorer leur politique interne en ce domaine".

Une restitution a été réalisée en novembre 2019 chez CMS Francis lefebvre Avocats. Certains cabinets ont regretté de ne pas avoir pu répondre. Ils nous ont invités à venir évoquer le sujet dans leurs locaux, à partager leurs souhaits et leurs difficultés par rapport à cette question de diversité et d'inclusion qui commence à les préoccuper.

Le deuxième sondage de l'Observatoire du Handicap dans les Cabinets d'Avocats est en cours. Le questionnaire a été conçu pour permettre un état des lieux des pratiques en matière de Responsabilité Sociétale des Cabinets d'Avocats RSCA, au-delà du handicap.

Selon les responsables de l'association Droit Comme Un H, « c'est l'opportunité de faire le point avec les responsables des ressources humaines alors que les textes sur le handicap ont changé depuis le 1ier janvier dernier ».

TousHanRobe

« C'est enfin une étape pour pouvoir accéder au premier niveau du label TousHanRobe, lancé en novembre dernier, par l'association Droit comme un H, afin de distinguer les cabinets aux initiatives remarquables en faveur du handicap ».

Le projet a été initié par Stéphane Baller, alors avocat associé d'EY Société d'Avocats, qui a mobilisé les bonnes volontés autour d'un dispositif d'accompagnement des étudiants, de leurs futurs maître de stage ou employeurs et de leurs équipes, pour imaginer des formations destinées aux accompagnants et aux accueillants.

Un processus de sélection des candidats au programme a été mis en place pour garantir la réussite des candidats et la phase d'accompagnement des équipes d'accueil démarre progressivement.

Des actions d'information, de lobbying, d'accompagnement du marché sont initiées par Droit comme un H !

"Depuis nous avons même reçu des offres de stage, des demandes d'adhésion à l'association et certains cabinets et directions juridiques bougent !

Des étudiants commencent aussi à demander à rejoindre le programme démontrant une évolution du marché.

Nous allons ouvrir à la rentrée des programmes H-Ambassadeurs à Lyon, Rennes et Nanterre.

Que penser de la CIDPH ?

La Convention des Nations Unies relative aux droits des personnes handicapées (CIDPH) et le protocole facultatif sont entrés en vigueur le 20 mars 2010.

Cette Convention adoptée en 2006 ne crée pas de nouveaux droits spécifiques aux personnes souffrant d'un handicap. Elle présente une série de mesures pour que les droits de l'Homme dans leur substance s'appliquent. Les résultats sont néanmoins critiqués. Ainsi, en 2018, les associations françaises de personnes handicapées ont publié un rapport sur le mise en œuvre de ce texte par l'Etat français, dénonçant de graves manquements.

En 2020, le Défenseur des droits a également fait un rapport sur la mise en œuvre de cette convention, invitant à un respect beaucoup plus rigoureux.

L'association DROIT PLURIEL

Une autre association française DROIT PLURIEL fait beaucoup pour les personnes présentant des handicaps. Il est intéressant de rappeler son histoire.

En 2002, Anne-Sarah Kertudo ouvre la première permanence juridique en langue des signes à la mairie de Paris. Elle y est rejointe par des avocats, enseignants-chercheurs, juristes et bénévoles.

En 2009, l'association Droit Pluriel naît.

En 2010, « un procès dans le noir » est organisé au Palais de Justice de Paris afin de mettre les professionnels de la justice dans la situation des justiciables aveugles.

Le Procureur salue l'événement et déclare « pour la première fois, je réalise que la difficulté n'est pas la cécité, mais le fait que nous n'adaptons pas notre audience au handicap.»

En 2015, Fabienne Servan-Schreiber devient présidente de l'association.

En 2016, les professionnels du droit discutent ensemble pour la première fois de la thématique de l'accessibilité pour tous. Avec leurs concours, Droit Pluriel débute le projet de la mission « professionnels du droit et handicap », projet phare de l'association.

En 2018, Droit Pluriel emménage dans ses nouveaux locaux à Montreuil. Parallèlement, l'association lance plusieurs projets d'envergure, dont la tournée du film "Parents à Part Entière" dans les Barreaux de France, la création de l'exposition "Tes Yeux sur Mes Oreilles", la formation des CDAD (Conseils Départementaux d'Accès au Droit) et le projet "le droit accessible à tous à Montreuil".

En avril 2019, Droit Pluriel est reconnue d'intêret général et obtient la redéfinition du handicap dans le dictionnaire. L'exposition "Tes yeux sur mes oreilles" est produit dans la France entière et notamment à Paris, sur les grilles de la tour Saint-Jacques. Un commando de l'accessibilité permet de mettre en lumière les défauts du nouveau tribunal de Paris.

En avril 2020, Droit Pluriel lance sa premiére permanence juridique 100% accessible "Urgence COVID-19."

Le 18 juin 2019, l'Association Droit Pluriel était à l'honneur. Le comité national coordination action handicap (CCAH) l'a désignée comme lauréate de son prix annuel dans la catégorie « changer le regard ».

Cette nomination récompense le travail mené par Droit pluriel pour former les professionnels de la justice à l'accessibilité, faire évoluer leurs représentations autour des situations de handicap et favoriser ainsi l'accès des personnes handicapées au droit et à la justice.

Le Rex Juri Handi

Début 2019, s'est constitué le REX JURIS HANDI, composé d'avocats, de juristes d'entreprises, d'étudiants en droit, et de représentants du handicap. Les membres de ce groupe de travail, handicapés ou non, se sont réunis pour la première fois en janvier dernier pour se pencher sur la problématique du handicap et de l'inclusion. "Il serait en effet temps de réaliser que -l'autre-, par sa différence et son expérience, porte en lui son lot de richesses, de savoir et de savoir-faire utiles, parfois même indispensables".

La responsabilité sociétale des avocats

Le CNB a proposé en octobre 2017 une charte de l'avocat citoyen responsable et d'un outil d'autodiagnostic destinés aux cabinets d'avocats désireux, quelle que soit leur taille, d'évaluer et d'améliorer leurs pratiques en faveur de la diversité et de l'environnement.

La charte mentionne au point 5 que le cabinet ouvre l'emploi aux personnes en situation de handicap et oeuvre pour l'intégration des avocats en situation de handicap.

Au point 6, il veille à l'amélioration des conditions d'accueil des personnes en situation de handicap.

« La quatrième promesse sur les RPS et la conciliation vie privée vie professionnelle intègre les risques liés aux accidents de la vie et pour les personnes en situation de handicap, accueillies au sein du cabinet, engage à veiller au maintien de l'adaptation des postes de travail en lien avec les organismes financiers AGEF, à étudier les notions de fatigabilité et adapter le temps de travail à la situation de handicap en lien soit avec la médecine du travail (salarié es) ou la CNAM RSI) pour les non salariés, voire même en lien avec les MDPH pour les questions de compensation des coûts, à veiller à réaliser annuellement avec les acteurs du secteur un point sur l'adaptation et l'évolution de la situation du handicap ».

En juin 2019, le Conseil National des Barreaux a organisé son premier "Grenelle Droit et Handicap".

D'autres actions suivront très certainement, permettant de franchir les obstacles à une meilleure intégration des avocats présentant un handicap et de réduire les RPS.

SOURCES

Rapport du Défenseur des Droits – 2020 – La mise en œuvre de la Convention relative aux droits des personnes handicapées (CIDPH) – 109 pages.
Convention des Nations unies relative aux droits des personnes handicapées Etat des lieux préparatoire à la rédaction du rapport alternatif de la société civile, dans le cadre du suivi du rapport initial du gouvernement sur l'application de la Convention
Octobre 2018 – Conseil français des personnes handicapées pour les questions européennes
Revillard Anne Handicap et Travail Presses de Sciences Po, 120 pages, 2019
Website de l'association Droit-comme-un H-
Sondage de l'assocation Droit comme un H / Quelle place pour le handicap dans la profession d'avocat ? Observatoire du handicap dans la profession d'avocat - Deuxième édition 2020 -
Website de l'association Droit Pluriel
Website de Virginie Delalande, Handicapower
Hantz Nathalie - Village de la Justice - Quand le handicap devient une valeur ajoutée pour l'entreprise - 6 septembre 2018 -

Rapport du Défenseur des droits - Conditions de travail et expériences des discriminations dans la profession d'avocat - Avril 2018

Camus Estelle - Apriles - Anne Sarah Kertudo - La voix des "déniés de justice"

Depay Marie - Le village de la justice - 3 août 2020 - Lancement de l'observatoire 2020 du handicap dans la profession d'avocat et de juriste

Association Droit comme un H - La place du handicap dans la profession d'avocat ? Rapport de restitution - Première enquête de terrain réalisée avec le soutien d'EY, Société d'Avocats - Juillet 2019

Leroux Clothilde - La place du handicap dans la profession d'avocat - Clothilde Leroux - M2 Droits et RSE -Paris Dauphine - Mémoire soutenu en juin 2019 -

CNB - Responsabilité sociétale des cabinets d'avocats - Publication d'une charte de l'avocat citoyen responsable et d'un outil d'auto diagnostic - 26 octobre 2017

Loi n°2018-771 du 5 septembre 2018 pour la liberté de choisir son avenir professionnel - JO du 6 septembre 2018

Lichten Raphaël « L'association Droit comme un H ! » lance les H-After – Le Monde du Droit – 25 mai 2020

Association Française des Juristes d'Entreprise – 1 er observatoire du handicap dans la profession d'avocat – 18 septembre 2019

Goubier Lydia – Tous égaux devant la justice : la lutte d'Anne-Sarah Kertudo de Droit Pluriel – Histoiresordinaires.fr – 19 mars 2020

CNB - Grenelle Droit du handicap – 28 juin 2019

Moreaux Anne - Un premier Grenelle Droit et Handicap ambitieux - Les Affiches Parisiennes - 19 août 2019

Barreau de Paris – Guide de la Responsabilité Sociale de l'Avocat

Jensen Dominic – La responsabilité sociétale des cabinets d'avocats en 43 questions – Eliott et Marcus – 11 avril 2017

Conseil des barreaux européens – la responsabilité des entreprises et le rôle de la profession d'avocat – 7 février 2013

Rageret Cassandre – Handicap.fr – Anne-Sarah Kertudo –J'ai 1 truc à te dire – 2 septembre 2020

Garnerie Laurence - Profession d'avocat et accessibilité : peut mieux faire - Gazette du Palais - 6 juin 2019

Carrières-Juridiques. com - La place du handicap dans les professions juridiques - 4 février 2019

New York State Bar Association – The impact, legality, use and utility of mental disability questions on the New York State Bar Application – A report issued by the working group on attorney mental health of the New York State Bar Association – August 13 2019 – 218 pages

Bar Admissions Questions Pertaining to Mental Health, School/Criminal History, and Financial Issues February, 2019 David L. Bazelon Center for Mental Health Law

LES AVOCATS FACE AUX DISCRIMINATIONS, AUX HARCELEMENTS, AU BULLYING

A l'occasion de son discours du 16 septembre 2020 sur l'état de l'Union, la présidente Ursula Von der Leyen a annoncé l'heure du changement. Il est temps de construire une Union véritablement antiraciste, en condamnant le racisme mais aussi en agissant avec Helena Dalli, commissaire chargée de l'égalité, avec le plan d'action de l'UE contre le racisme 2020-2025.

En 2021, la Commission présentera un rapport sur l'application de la directive sur l'égalité raciale. La Commission veillera également à une transposition et à une mise en oeuvre correctes, intégrales, de la décision-cadre sur la lutte contre le racisme et la xénophobie, y compris au moyen de procédures d'infraction.

La commission nommera un coordinateur antiracisme.

Déclarations de principe, maintes fois affirmées qui seront suivies d'effets, même dans le secteur du droit, notamment des avocats ?

Pendant très longtemps, l'omerta et l'impunité régnaient en matière de discrimination et de harcèlement parmi les avocats français. Nul doute que la situation n'est pas plus brillante dans bien d'autres pays. Certains Barreaux luttent plus que d'autres contre les RPS découlant des discriminations et du harcèlement.

En France, une prise de conscience serait en cours et devrait déboucher sur un assainissement de la profession. Espérons que les multiples RPS découlant des discriminations et des différents types de harcèlement diminuent.

Regardons quelques actions en France de nature à lutter contre les discriminations et le harcèlement.

Le 26 septembre 2019, le Barreau de Paris, le Conseil national des barreaux et la Conférence des Bâtonniers signent une charte. Objectif : lutter ensemble contre les discriminations et le harcèlement au sein de la profession d'avocat.

Cette Charte a été signée par Jérôme Gavaudan, président de la conférence des Bâtonniers, Marie-Aimée Peyron, Bâtonnière de l'ordre des avocats du Barreau de Paris, Christiane Féral-Schuhl, présidente du Conseil national des Barreaux.

Ce moment était particulièrement important mais aussi symbolique, le Défenseur des Droits, Jacques Toubon, étant présent.

Rappelons que le rapport de 44 pages du Défenseur des Droits, publié en mai 2018, intitulé "Enquête sur les conditions de travail et expériences de discriminations dans la profession d'avocat" a eu l'effet d'un énorme coup de canon dans le milieu des avocats.

La profession ne pouvait plus reculer devant l'urgence de mesures. Incapable de défendre ses membres les plus discriminés et harcelés, détruits par les RPS de toute nature, la profession d'avocat s'est fait rappeler les principes élémentaires par une autorité indépendante !

La Charte prévoit des dispositions précises qu'il faut énoncer pour bien saisir les enjeux tout en apportant certaines observations.

L'article 1 dit que dans chaque Barreau adhérant à la présente charte, le conseil de l'ordre sur proposition du Bâtonnier, désigne un ou plusieurs référents « discriminations / harcèlement, parmi les anciens Bâtonniers et / ou les membres ou anciens membres du conseil de l'ordre.

Pourquoi ne pas élire les référents au lieu de les désigner sur des critères au demeurant non connus ?

Par ailleurs, le choix des référents pourrait se faire parmi des avocats ayant démontré leur volonté de lutter contre la discrimination et le harcèlement. La simple qualité d'ancien Bâtonnier ou d'ancien membre de conseil de l'ordre ne donne pas forcément la légitimité à remplir une telle mission.

Le nombre des référents, avec le respect de la parité, varie selon la taille des Barreaux.

Ces référents sont désignés pour une durée de deux ans, éventuellement renouvelables.

Le Bâtonnier s'assure que les référents ont bénéficié ou bénéficient d'une formation spécifique dès que possible. Il est possible d'adjoindre des suppléants aux titulaires désignés.

On peut se poser la question de la substance de la formation et de savoir qui sont les intervenants lors des formations.

L'article 2 dit que ces référents seront à l'écoute des avocats, victimes de discrimination ou de harcèlement et sauf refus, exprès des intéressés, feront rapport au Bâtonnier qui pourra mettre en œuvre une enquête déontologique et/ou une procédure disciplinaire.

Autre observation, peut-être aussi que le Bâtonnier en question pourrait être un Bâtonnier d'un autre barreau, ce qui pourrait renforcer la neutralité et l'objectivité.

L'article 3 dit que les trois signataires de la charte s'efforceront de mettre en œuvre des formations pour ces référents, formations communes ou formations organisées par chacun d'entre eux.

L'article 4 dit que la conférence des Bâtonniers met en place une liste de référents ordinaux nationaux désignés par les conférences régionales qui sont à la disposition de tous les avocats. Ils ont un rôle d'écoute et de conseil et de facilitateur. Ils sont répartis sur tout le territoire pour permettre aux avocats de les saisir selon le degré pertinent de proximité.

Ajoutons qu'à ce "degré pertinent de proximité", doivent s'ajouter l'expérience, l'humanisme, l'indépendance, la probité, la volonté de faire avancer les choses.

Autre observation, l'avocat devrait aussi pouvoir saisir qui il veut, là où il veut. La proximité n'est pas seulement un facteur objectif, elle est aussi humaine.

L'article 5 dit que le CNB s'engage à promouvoir auprès des écoles d'avocats en formation initiale et continue, un module sur les problématiques de discrimination et de harcèlement.

La commission Règles et Usages du CNB, en lien avec la commission Egalité, s'engage à répondre à toutes les questions du Bâtonnier sur ce sujet aux fins d'aider à la prise de décisions et émettre un avis déontologique.

L'article 6 dit que la Conférence des Bâtonniers s'engage à intégrer un module de formation « harcèlement/discrimination » dans le cadre des séminaires de formation des Bâtonniers et met en place à destination des confrères un numéro d'écoute dédié aux discriminations ou au harcèlement.

Par ailleurs, la commission déontologie de la conférence des Bâtonniers s'engage à recevoir toutes les questions des Bâtonniers sur ce sujet aux fins d'aider à la prise de décisions et pour donner un avis déontologique.

La question de la substance de la formation et des intervenants se repose.

L'article 7 dit que le Barreau de Paris s'engage à maintenir dans la forme initiale de l'EFB et dans la formation continue, un module sur les problématiques de discrimination et de harcèlement.

Le Barreau de Paris s'engage à conserver le dispositif existant en matière de lutte contre le harcèlement et les discriminations à savoir :

- les référents collaborateurs (2 référents en 2018, 4 référents en 2019)
- les référents harcèlement et discrimination auprès de l'EFB (2 référents en 2018 reconduits en 2019)
- la commission Harcèlement et Discrimination (ComHaDis) mise en place en 2015, chargée d'instruire les dossiers de harcèlement et de discrimination, de rendre des avis après audition des intéressés et en cas de faits avérés de harcèlement et de discrimination, de les transmettre à l'autorité de poursuite.

L'article 8 dit qu'il peut être créé au sein de chaque ordre un registre renseigné par les référents ayant pour vocation de recueillir toute information relative à des faits de harcèlements et de discriminations. Les éléments recueillis sont anonymisés et numérotés. Le numéro du registre étant transmis au seul déclarant.

L'article 9 dit que les parties signataires conviennent de la nécessité de coordonner entre elles, le recueil des informations, permettant une évaluation la plus fiable possible des phénomènes de harcèlement et de discrimination, au sein de la profession d'avocat, ainsi que leur évolution dans le temps.

A cet effet, le Barreau de Paris communique au Conseil national des Barreaux les éléments d'évaluation anonymisés qu'il collecte dans le cadre de son propre dispositif de prévention.

La conférence des Bâtonniers recueille auprès des barreaux qui en sont membres les éléments d'évaluation anonymisés, collectés localement dans le cadre de dispositifs de prévention, dont elle assure la promotion et les transmet en l'état au CNB.

Les éléments d'évaluation sont transmis au CNB à des fins purement statistiques. Le CNB confie à l'observatoire de la profession d'avocat l'exploitation, l'analyse et la synthèse des éléments d'évaluation qui lui sont transmis.

L'article 10 dit qu'il est mis en place un groupe permanent réunissant le CNB, la conférence des Bâtonniers et le Barreau de Paris, chargé d'analyser et évaluer les situations et les dispositifs mis en œuvre.

A partir des travaux de l'observatoire de la profession d'avocat, ce groupe permanent établit chaque année un rapport décrivant l'état du phénomène et formule, à cette occasion, toutes propositions propres à favoriser la lutte contre le harcèlement et les discriminations au sein de la profession.

L'article 11 dit que l'ensemble de ces dispositifs est parallèle et complémentaire à l'action menée par les syndicats de la profession.

Telle est la teneur de la Charte. Probablement faudra-t-il du temps pour faire évoluer les mentalités.

La protection des personnels des ordres des avocats

A cette charte, doivent s'ajouter des dispositions sur la protection des personnels des ordres des avocats et des maisons de l'avocat.

L'arrêt de la Cour d'Appel de Poitiers du 22 juin 2016, n°15/03297, confirmant la condamnation de l'ordre des avocats de Nantes par le Conseil des Prud'hommes de La Roche sur Yon, suite aux agissements de l'ex Bâtonnier de Nantes, Jacques Lapalus, démontre les conséquences du harcèlement parmi les employés des ordres.

Parmi les exemples de discrimination à l'encontre d'avocats français, les médias ont relaté le cas de Maître Yasssine Bouzrou.

Une infographie inappropriée lors d'une émission de LCI, le Club Le Chatelier, concernant l'avocat Yassine Bouzrou, le 19 février 2020, a fait l'objet d'une plainte devant le Conseil supérieur de l'audiovisuel.

L'avocat pénaliste, chargé de la défense de Piotr Pavlenski, a notamment été présenté avec un bonnet d'âne, son parcours scolaire ayant été moqué.

Le CSA a répondu à Christiane Feral-Schuhl le 29 avril 2020 sur le fondement de l'article 3-1 de la loi du 30 septembre 1986, exprimant son regret d'une telle situation.

Cette affaire renforce l'idée que les préjugés sont encore très tenaces. Rappelons que le plan d'action de l'UE contre le racisme évoqué par la présidente Ursula Von der Leyen dans son discours sur l'Union du 16 septembre 2020, vise à sensibiliser aux stéréotypes raciaux, ethniques et à les combattre au travers des médias, de l'éducation, de la culture et du sport.

LA CONVENTION DE L'OIT n°190 DOIT ETRE APPLIQUEE PAR LES AVOCATS

La conférence de l'Organisation Internationale du Travail, réunie pour sa 108 e session, dite du centenaire, a adopté le 21 juin 2019 (avant la Charte présentée plus haut, datant du 26 septembre 2019) la convention n°190, concernant l'élimination de la violence et du harcèlement dans le monde du travail.

Cette convention est le premier texte international contraignant, visant à lutter contre le harcèlement et les violences au travail, consacrant ainsi le droit de toute personne à un monde du travail exempt de violence et de harcèlement, y compris de violence et de harcèlement, fondés sur le genre.

Cette convention définit les violences et le harcèlement au travail comme étant "l'ensemble de comportements et de pratiques inacceptables ou de menaces de tels comportements et pratiques, qu'ils se produisent à une seule occasion ou de manière répétée, qui ont pour but de causer, causent ou sont susceptibles de causer un dommage d'ordre physique, psychologique, sexuel, ou économique et comprend la violence et le harcèlement fondés sur le genre".

Le texte énumère de manière large les personnes protégées par cette convention, y compris les travailleuses et travailleurs de l'économie informelle et ne limite pas son application au seul critère du lieu de travail mais en se référant plus largement au "monde du travail".

Notons par conséquent que le statut de salarié ou d'indépendant importe peu.
Par ailleurs, le monde du travail recouvre les nouvelles modalités de travail, notamment à distance, générées par la pandémie du Covid-19.

L'article 2 précise que la présente convention protège les travailleurs et autres personnes dans le monde du travail, y compris les salariés tels que définis par la législation et la pratique nationales, ainsi que les personnes qui travaillent, quel que soit leur statut contractuel, les personnes en formation, y compris les stagiaires et les apprentis, les travailleurs licenciés, les personnes bénévoles, les personnes à la recherche d'un emploi, les candidats à un emploi et les individus exerçant l'autorité, les fonctions ou les responsabilités d'un employeur.

La présente convention s'applique à tous les secteurs, public ou privé, dans l'économie formelle ou informelle, en zone urbaine ou rurale.

L'article 3 apporte des précisions sur la violence et le harcèlement. La convention s'applique à la violence et au harcèlement dans le monde du travail s'exerçant à l'occasion, en lien avec ou du fait du travail, sur le lieu de travail, y compris les espaces publics et les espaces privés lorsqu'ils servent de lieu de travail.

La convention s'applique sur les lieux où le travailleur est payé, prend ses pauses ou ses repas ou utilise des installations sanitaires, des salles d'eau ou des vestiaires. Elle s'applique à l'occasion de déplacements, de voyages, de formations, d'événements, d'activités sociales liés au travail.

Elle s'applique dans le cadre de communications liées au travail, y compris celles effectuées au moyen de technologies de l'information et de la communication. Elle s'applique dans le logement fourni par l'employeur et pendant les trajets entre le domicile et le lieu de travail.

De nombreuses obligations incombent aux Etats membres de l'OIT ayant ratifié cette Convention, notamment des politiques de prévention, de formation et de sensibilisation visant à interdire et sanctionner les violences et le harcèlement au travail.

Des mesures pour assurer le contrôle et le suivi de l'application de la convention doivent être ainsi mises en place afin de garantir aux victimes un accès aisé à des moyens de réparations appropriées et efficaces.

LA RECOMMANDATION N°206

Le même jour, la recommandation n° 206 concernant l'élimination de la violence et du harcèlement dans le monde du travail a été également adoptée par la Conférence de l'OIT.

Compte tenu de la Covid-19, l'importance de la mise en place de politiques de prévention et de sensibilisation afin de lutter contre les violences et le harcèlement au travail, semble plus que jamais d'actualité.

LE RAPPORT (2019) DE L'INTERNATIONAL BAR ASSOCIATION : US TOO ? BULLYING AND SEXUAL HARASSMENT IN THE LEGAL PROFESSION

Le Rapport "Us Too ? Bullying and Sexual Harassment in the Legal Profession" est disponible sur le site de l'International Bar Association (IBA).

Cette enquête a été faite de mai à septembre 2019 auprès de 7000 professionnels de 135 pays, par the IBA's Legal Policy and Research Unit (LPRU) notamment sous la houlette de Kieran Pender, Legal Advisor, en collaboration avec la firme Acritas.

"The project was also supported by many of the IBA's 190 bar associations and law societies and 200 group member law firms, from over 170 countries. Respondents participated from workplaces across the legal spectrum, including law firms, in-house, barristers chambers, government and the judiciary".

Les résultats de cette enquête sont éloquents et invitent à des mesures urgentes.

Une femme sur deux et un homme sur trois ont été victimes du bullying lors de leur travail. Une femme sur trois et un homme sur 14 ont été harcelés sexuellement dans leur milieu professionnel. 57 % des cas de bullying et 75 % des cas de harcèlement sexuel ne sont pas répertoriés. 65 % des victimes du bullying ont du quitter leur travail.

Seuls 22 % des cabinets d'avocats ont mis en place des formations pour éviter bullying et harcèlement sexuel.

Mark Ellis, IBA Executive Director, declare : "these types of behaviour are indidious and must be confronted. The legal profession has been called upon regularly to advise other industries on bullying and sexual harassment. Howewer, our ability to drive broader chenge is undermined if our own house is not in order. The IBA will promote cross-sector collaboration to ensure these societal-wide issues are addressed".

"The recommandations set out by the IBA to aid the legal profession is urgently addressing workplace bullying and sexual harassment focus on raising greater awareness of these issues, implementing and revising policies and standards, the importance of improved training, increased dialogue and greater accountability across the profession, increasing intraprofession dialogue and best practice sharing, developping flexible reporting models, and maintaining momentum to achieve genuine change."

CANADA ! DES FAITS ET DES ENGAGEMENTS AU BARREAU DE MONTREAL DANS LE CADRE DE LA DIVERSITÉ ETHNOCULTURELLE

Que nous dit-on sur ce projet ?

Mais d'ores et déjà, comme se répartissent les membres du Barreau du Québec issus de la diversité en 2017 ?

Les LGBT représentent 1,72 % des effectifs.
Les personnes handicapées représentent 0,51 % des effectifs.
Les Autochtones représentent 0,48 % des effectifs.
Les groupes ethnoculturels représentent 7,37 % des effectifs.

Les autres membres représentent 89,92 % des effectifs.

Le Barreau du Québec mène depuis 2016 le projet Panorama, avec la collaboration de 23 cabinets et 6 services de contentieux. L'objectif est de permettre aux différents groupes ethnoculturels canadiens d'être représentés dans les professions du droit proportionnnellement à leur poids dans la population générale.

Lorsque le projet est né, seulement 6 % des avocats du Québec ont déclaré appartenir à un groupe ethnoculturel contre 13 % dans la population générale.

Les statistiques du Barreau montrent qu'en 2017, les femmes étaient majoritaires parmi les avocats issus des nations autochtones (53 %) et des minorités ethnoculturelles (58 %), mais minoritaires chez les LGBT (25 %) et les personnes handicapées (40 %).

Par ailleurs, ces quatre groupes sont sous-représentés parmi les associés dans les cabinets. Ils exercent souvent à titre de travailleurs autonomes ou avocats salariés.

Quelle est la mission du comité ?

"Le comité a pour mandat d'appuyer le Barreau de Montréal et le Jeune Barreau de Montréal (JBM) dans la réalisation de leur vision d'ouverture ethnoculturelle et d'une profession inclusive, notamment en développant la connaissance des membres du Barreau de Montréal et du JBM, sur les réalités des communautés culturelles, incitant les avocats, membres des communautés culturelles, à participer aux activités du Barreau de Montréal et du JBM, au développement de la profession et à son accès contribuant à démystifier la profession d'avocat auprès des jeunes issus des communautés culturelles, favorisant un rapprochement du Barreau de Montréal et du JBM avec les avocats et groupes d'avocats issus de communautés culturelles, sensibilisant les employeurs aux défis de l'employabilité et aux réalités des avocats et stagiaires en droit qui sont des personnes issues des communautés culturelles, en aidant à l'intégration sur le marché du travail des avocats et stagiaires en droit qui sont des personnes issues des communautés culturelles (en général visibles), sensibilisant la communauté juridique sur les enjeux auxquels font face les communautés culturelles quant à l'accès à la justice".

Le 13 février 2020, le comité a participé à une rencontre à l'Université du Québec à Montréal, intitulée « Diversité dans la profession juridique : les défis de l'inclusion ». Étaient également présents les membres du comité de liaison avec la communauté LGBTQ2+, les représentants du Barreau de Montréal et les représentants du Jeune Barreau de Montréal.

Le tournage et la réalisation des capsules vidéo ont débuté. Ces capsules ont pour objectif de sensibiliser les membres du Barreau de Montréal aux enjeux et réalités des communautés culturelles dans la profession. Les travaux ont été interrompus à la suite des directives gouvernementales concernant la gestion de la COVID-19 mais reprendront dès que possible.

Un Guide des meilleures pratiques de recrutement pour promouvoir la diversité culturelle

Le Barreau du Québec a publié sur son site le Guide des meilleures pratiques de recrutement pour promouvoir la diversité ethnoculturelle.

L'ELECTION DE BRAD REGEHR A LA PRESIDENCE DE L'ASSOCIATION DU BARREAU CANADIEN

En septembre 2020, Brad Regehr est élu président de l'Association du Barreau Canadien, réunissant 36 000 membres.

Brad Regehr est issu de la nation Cree (Peter Ballantyne /Saskatchevan). Brad Regehr s'est inscrit au Barreau en 1997. Il exerce à Winnipeg. Brad Regehr succède à Vivene Salmon, ex présidente noire, qui a affronté notamment la révolution de MeToo et le phénomène Black Live Matters.

JULIE PHILIPPE NOMMEE MAGISTRATE

Pour la première fois au Québec, une femme d'origine autochtone, Mashteuiats, communauté innue canadienne du Québec, accède à la magistrature en septembre 2020. Le ministre de la Justice, Simon Jolin Barrette a nommé l'avocate Julie Philippe comme juge à la Cour du Québec, chambre civile. Elle fait partie d'un groupe de 5 nouveaux juges nommés par le ministre. Son frère, Mark Philippe, a été nommé lui aussi juge à la Cour du Québec en 2017.

Le premier juge d'origine autochtone nommé, a été Réjean Paul, en 1983. Le juge Paul s'est fait notamment connaître pour son travail de médiateur entre les Algonquins du Lac-Barrière et les compagnies forestières de l'Abitibi dans les années 90. Il a aussi succédé au juge Jean-Guy Boilard lors du procès des Hells Angels au début des années 2000.

Notons que les avocats albertais auront un cours obligatoire sur la culture autochtone à compter de l'année 2021, dans le cadre de l'appel à l'action de la Commission de vérité et réconciliation du Canada.

Aux Etats-Unis, les avocats revendiquent aussi leurs origines indiennes. On peut citer The Minnesota American Indian Bar Association (MAIBA), The Native American Bar Association of Washington D.C (NABA.D.C). Des recherches sont à effectuer sur l'intégration des avocats américains avec des origines indiennes. Peut-être que l'enquête de Patrick Krill, en cours, apportera des éléments.

CANADA : ENGAGEMENT DE CERTAINS AVOCATS CONTRE LE RACISME SYSTEMIQUE ANTI NOIRS AVEC L'INITIATIVE BLACKNORTH

"L'initiative BlackNorth dirigée par le *Canadian Council of Business Leaders Against Anti-Black Systemic Racism* (le Conseil canadien des chefs d'entreprise contre le racisme systémique anti-Noirs - le « Conseil »), a publié l'Engagement en tant que cabinet d'avocats, demandant aux dirigeants des cabinets canadiens de s'engager à établir des objectifs précis et à mettre en place des mesures visant à enrayer le racisme systémique anti-Noirs de même qu'à créer des possibilités d'emploi et d'avancement de carrière pour les membres des communautés sous-représentées, soit les personnes autochtones, noires et de couleur (PANDC)".

L'Engagement en tant que cabinet d'avocats découle de l'annonce du 30 juin 2020.

Wes Hall, fondateur et président du Conseil, Victor Dodig, président et chef de la direction de la CIBC, Prem Watsa, président du conseil et chef de la direction de Fairfax Financial Holdings Limited, et Rola Dagher, présidente et chef de la direction de Cisco Canada, ont demandé aux chefs d'entreprise canadiens de tous les secteurs de s'engager à fixer les mêmes objectifs pour leurs entreprises.

Les cabinets d'avocats Blakes, BLG, Davies, Dentons, Fasken, Gowling WLG, McCarthy Tétrault, Osler, Torys, tous ont signé l'engagement du « BlackNorth Initiative Law Firm Pledge », du Conseil canadien des chefs d'entreprise contre le racisme systémique envers les Noirs.

Ces cabinets s'engagent ainsi à s'élever contre le racisme envers les Noirs, et contre les formes de racisme structurel au sein du milieu juridique.

Voici le texte. Il concerne d'ailleurs « non seulement les Noirs, mais les Asiatiques et autres minorités visibles du Canada, le peuple autochtone, les membres de la communauté LGBTQ+, les personnes handicapées et les femmes ».

"*Engagement en tant que cabinet d'avocats :*

Le temps est venu de mettre fin au racisme systémique anti-Noirs. Je m'engage, en tant que dirigeant de mon cabinet, avec tous les autres signataires, à mettre en œuvre les mesures suivantes compte tenu, notamment, de notre taille, du lieu de nos bureaux au Canada et de l'étendue des possibilités offertes dans notre organisation.

Lorsque des entreprises ont déjà mis en œuvre un ou plusieurs des engagements, je m'engage à aider d'autres entreprises à faire de même.

Nous prenons acte de l'existence du racisme systémique anti-Noirs et de son impact sur les 1 198 540 citoyens noirs du Canada (3,5 % de la population). Nous convenons qu'il faut créer dans nos entreprises des occasions en faveur des gens de race noire.

Les inégalités persistantes au pays soulignent le besoin urgent d'atténuer les tensions raciales, ethniques et autres à l'échelle nationale et de promouvoir l'élimination du racisme systémique anti-Noirs partout où il existe.

En tant que dirigeants de certaines des plus grandes entreprises canadiennes, nous gérons des centaines de milliers d'employés et sommes en position déterminante pour garantir que l'inclusion s'inscrive dans notre culture organisationnelle et que nos entreprises soient représentatives des communautés que nous servons.

Par ailleurs, nous savons que la diversité est bénéfique pour l'économie; elle améliore la performance d'entreprise, stimule la croissance et accroît la mobilisation des employés.

En bref, les organisations véritablement diversifiées ont de meilleurs résultats. Nous reconnaissons que la diversité et l'inclusion sont des questions complexes que nous devons aborder selon une approche holistique pour mieux rejoindre et soutenir tous les groupes sous-représentés dans le milieu des affaires.

Pour ce faire, nous croyons qu'il nous faut également aborder honnêtement et de front, les préoccupations et les besoins de nos employés d'origines diverses, et les traiter tous plus équitablement, non seulement les Noirs, mais les Asiatiques et autres minorités visibles du Canada, le peuple autochtone, les membres de la communauté LGBTQ+, les personnes handicapées et les femmes.

Collectivement, en tant que chefs d'entreprises, nous convenons que nous devons collectivement faire plus.

Ainsi nous nous engageons à atteindre sept objectifs qui favoriseront l'élimination du racisme systémique anti-Noirs au Canada et créeront des occasions pour les groupes sous-représentés.

1 Dans le cadre de l'initiative BlackNorth, nous intensifierons nos efforts pour faire de nos lieux de travail des endroits de confiance

où il sera possible d'avoir des conversations approfondies et parfois difficiles sur le racisme systémique anti-Noirs.

Nous veillerons à ce qu'il n'existe aucun obstacle qui empêche les employés noirs d'avancer dans l'entreprise. Nous créerons un climat qui favorise le dialogue, notamment grâce à des de tribunes où nos employés pourront partager leurs expériences et points de vue avec leurs collègues s'ils le souhaitent.

En encourageant un dialogue constant et en ne tolérant aucun manquement à ces valeurs d'ouverture, nous instaurerons la confiance, encouragerons la compassion et l'ouverture d'esprit et renforcerons notre foi dans une culture inclusive.

2. Dans le cadre de l'initiative BlackNorth, nous établirons des programmes de sensibilisation contre les préjugés et le racisme ou bonifierons les programmes déjà en place.

Nous avons tous des préjugés.

C'est dans la nature humaine. La sensibilisation aux préjugés permet d'en prendre conscience, de sorte à s'en affranchir. Nous nous engagerons à exécuter des programmes de sensibilisation contre les préjugés et le racisme systémique anti-Noirs et/ou à bonifier les programmes déjà en place dans nos entreprises. Nous mettrons gratuitement des ressources pédagogiques sur les préjugés à la disposition du public.

3. Nous partagerons les pratiques qui ont réussi, et celles qui ont échoué. Nous savons que de nombreuses entreprises en sont encore à élaborer leurs programmes et pratiques centrés sur la véritable diversité et l'inclusion. Nous nous engageons à les aider, à faire progresser leurs stratégies actuelles sur la diversité et nous les encourageons, à leur à tour, à faire connaître aux autres leurs succès et leurs échecs.

4. Nous établirons et partagerons des plans stratégiques d'inclusion et de diversité avec notre conseil d'administration.

Dans nos organisations, nous mettrons sur pied, au moins, un conseil de leadership sur la diversité et veillerons à ce que ses membres soient issus de groupes diversifiés, en particulier, la communauté noire.

Le conseil de leadership sur la diversité, en collaboration avec le président du conseil, l'associé directeur ou d'autres personnes relevant de notre conseil d'administration (ou de l'organe équivalent), par la création et l'évaluation de plans d'action stratégiques et concrets, cherchera à prioriser la diversité et l'inclusion, y compris en ce qui concerne les employés noirs, et à encourager une plus grande responsabilisation à cet égard.

Nous reconnaissons que les conseils d'administration, les chefs de la direction et les dirigeants de cabinets d'avocats jouent un rôle important, dans la prise d'une action concertée visant à promouvoir une culture inclusive et la diversité des talents.

5. Nous utiliserons nos ressources pour collaborer avec les membres de la communauté noire dans le cadre de l'initiative BlackNorth.

Dans le cadre de l'initiative BlackNorth, nous veillerons à ce que les communautés noires du Canada connaissent les possibilités d'emploi dans notre entreprise et sachent que nous réservons un certain nombre de ces possibilités d'emploi aux personnes noires, notamment en nous engageant à recruter au moins 5 % des étudiants que nous prenons parmi les membres de la communauté noire, selon ce qu'il convient compte tenu de la taille du cabinet concerné.

Dans le cadre de l'initiative BlackNorth, nous affecterons directement ou indirectement au moins 3 % des dons et commandites du cabinet à la promotion d'investissements et à la création de débouchés économiques dans la communauté noire d'ici 2025.

Nous entendons par ailleurs miser sur le pouvoir économique du cabinet et sa capacité à provoquer le changement chez d'autres en encourageant la diversité et la représentation de personnes noires parmi nos fournisseurs et ceux avec qui nous choisissons de faire affaire.

6. Nous intégrerons notre engagement au cadre de gouvernance d'entreprise du Canada. L'initiative BlackNorth vise à inciter les présidents de conseil et chefs de la direction à favoriser l'inclusion de personnes noires dans les conseils d'administration, les hautes directions et le personnel-cadre.

Un fort contingent de dirigeants d'entreprise est déterminé à inclure valablement et durablement des personnes noires dans la direction d'entreprises. Notre but est de créer une filière qui mène les membres de la communauté noire vers notre conseil d'administration et notre haute direction.

Qui plus est, comme les objectifs chiffrés sont le tremplin du véritable changement, nous nous sommes fixés comme objectif qu'au moins 3,5 % des membres de notre haute direction, de notre conseil d'administration et de nos cadres supérieurs établis au Canada soient des personnes noires ou issues de minorités visibles d'ici 2025.

Nous veillerons à ce que les titulaires de 3,5 % de ces postes soient des personnes noires d'ici 2030. Nous saisirons les occasions d'aborder ces thèmes dans le cadre de programmes internes et externes.

7. Nous créerons les conditions pour réussir.

Comme c'est le cas pour toutes les entreprises commerciales, « ce qui est mesuré est géré ».

Il est donc essentiel de recueillir des données sur la race et l'ethnicité, notamment auprès d'employés noirs, pour constater nos lacunes et nos progrès.

Dans le cadre de l'initiative BlackNorth, nous recruterons et fidéliserons des employés de talent issus de la communauté noire et, de concert avec le comité de gouvernance de notre entreprise, nous nous engagerons à former et à promouvoir des personnes noires dans notre entreprise pour assurer une filière de talents au fur et à mesure que nous bâtirons des équipes de direction inclusives et représentatives des communautés que nous servons.

Nous fixerons des objectifs de gestion de talent inclusifs et les inclurons dans les évaluations de rendement annuelles de nos hauts dirigeants.

Nous croyons que la création d'occasions pour la communauté noire doit être communiquée aux étudiants qui font des choix de carrière et de vie et nous élaborerons des initiatives pour les sensibiliser aux carrières en droit.

Nous nous engageons aussi à créer des systèmes de reddition de comptes dans nos entreprises, à partager nos objectifs à l'interne et à l'externe, à suivre nos progrès et à nous tenir régulièrement à jour les uns les autres afin de répertorier les programmes et modes de mesure efficaces.

Nous savons que ces engagements ne règlent pas entièrement la question, mais nous croyons que ce sont des étapes importantes et concrètes pour instaurer des lieux de travail véritablement plus diversifiés et inclusifs.
Nous espérons que notre liste de signataires s'allongera et nous invitons les dirigeants d'autres cabinets juridiques canadiens à se joindre à nous.

Faisons front commun pour donner à tous nos collaborateurs la chance d'offrir le meilleur d'eux-mêmes au travail et de réaliser leur plein potentiel.

En collaborant pour rendre nos lieux de travail, nos industries et le milieu des affaires en général véritablement diversifiés et inclusifs, nous pouvons réellement changer notre société et mettre fin au racisme systémique anti-Noirs.

Blakes, BLG, Davies, Dentons, Fasken, Gowling WLG, McCarthy Tétrault, Osler, Torys, tous ont signé l'engagement du « BlackNorth Initiative Law Firm Pledge », du Conseil canadien des chefs d'entreprise contre le racisme systémique envers les Noirs.

Ces cabinets s'engagent ainsi à s'élever contre le racisme envers les Noirs, et contre les formes de racisme structurel au sein du milieu juridique.

Mais au Canada, où les avocats ont l'habitude d'être nommés magistrats, les offensives visant à l'égalité et au respect de la diversité ethno-culturelle, ne faiblissent pas ! Examinons les lettres adressées par nombre d'organisations au ministre de la justice et par le président de l'ABC, Brad Regehr et l'ex présidente Vvien Salmon.

La nomination de Personnes Autochtones, Noir(e)s et de Couleur (PANDC) à des postes de magistrats est sollicitée. Regardons la lettre du 14 septembre 2020.

14 septembre 2020
L'honorable David Lametti, CP, député Ministre de la Justice et procureur-général du Canada Chambre des communes Ottawa, ON, K1A 0A6

Cher Monsieur le ministre,

Concernant : Nomination de juges PANDC aux Cours fédérales

Nous sommes des membres de la communauté juridique représentant ou accompagnant des clients devant les Cours fédérales canadiennes.

Nous écrivons pour appeler à une action immédiate, par la nomination de Personnes Autochtones, Noir(e)s et de Couleur (PANDC) comme juges aux Cours fédérales et par la modification des critères de nomination afin de veiller à ce que les expériences des candidats PANDC soient prises en compte à leur juste valeur.

144

Il est incontestable que la composition raciale actuelle de nos Cours fédérales ne reflète pas la diversité du Canada.

Le mois dernier à peine, le juge en chef du Canada Richard Wagner soulignait l'importance de la représentativité de la magistrature, déclarant qu'il est essentiel que tous les Canadiens se reconnaissent dans leur système de justice.

Personne ne devrait se sentir exclu ou perçu comme l'autre, face à la Justice » a-t-il déclaré.

1 L'héritage de plusieurs siècles de racisme institutionnel a conduit à une magistrature fédérale principalement blanche, dont les décisions régissent les actions et le comportement des communautés PANDC, alors même que ces juges n'ont jamais vécu les discriminations et les préjugés raciaux auxquels sont confrontées ces communautés.

Parmi les 35 juges et neuf juges surnuméraires actuels de la Cour fédérale, seuls deux juges sont des PANDC.

Ceci est particulièrement troublant considérant que 63% des dossiers traités par la Cour fédérale concernent des dossiers en droit de l'immigration et des réfugiés ainsi qu'en droit autochtone, domaines dans lesquels la quasi-entiereté des demandeurs sont des PANDC.

2 La Cour d'Appel fédérale et la Cour suprême du Canada, malgré leurs engagements pour une plus grande diversité raciale, continuent d'être composées entièrement de juges blancs.

En d'autres mots, les personnes qui déposent des recours auprès du système judiciaire fédéral ne se reconnaissent toujours pas dans la magistrature.

Cela doit changer.

Remédier au manque de diversité au sein du système judiciaire est une priorité du gouvernement actuel depuis sa première élection en 2015.

Le Premier Ministre a réaffirmé cette priorité en 2019, dans sa lettre de mandat à votre attention, en tant que Ministre de la Justice et procureur général du Canada, en vous demandant d'aider le gouvernement canadien « à continuer d'honorer son engagement à faire des nominations transparentes et fondées sur le mérite, pour veiller à ce que les personnes de toutes les identités de genre, les peuples autochtones, les personnes racialisées, les personnes handicapées et les minorités soient représentés dans les postes de direction. »

Nous reconnaissons cet engagement ainsi que la révision, en 2016, du régime de nominations à la magistrature et les nombreuses assemblées publiques que vous et vos homologues avez tenues avec des organismes communautaires.

Malgré ces efforts, peu a changé. Parmi toutes les personnes nommées à la magistrature fédérale depuis 2016, seuls trois pourcents s'identifient comme autochtones et huit pourcents s'identifient comme minorités visibles.

En fait, le nombre de personnes issues de minorités nommées à la magistrature a chuté deux ans de suite.

3 Pour avoir de la valeur, l'engagement du gouvernement en matière de diversité doit produire des résultats. Une action claire et concrète est nécessaire et se fait attendre depuis trop longtemps.

Tel que le Caucus des parlementaires noirs l'a récemment observé, « L'heure n'est plus aux discussions. Les communautés noires s'expriment depuis de nombreuses années et ne veulent plus de consultations ni d'études.

Des rapports détaillés et des propositions sérieuses existent déjà. Le temps est venu de mettre en œuvre ces propositions et de consacrer des ressources financières suffisantes pour les appliquer efficacement. »

4 Nous recommandons que les mesures immédiates suivantes soient prises :

1. Comblez les six postes vacants à la Cour fédérale du Canada avec des juges PANDC.

À ce jour, la Cour fédérale a six postes vacants. Combler ces postes vacants avec des juges PANDC serait un grand pas en avant pour remédier aux effets de plus d'un siècle de racisme institutionnel et serait en accord avec une meilleure représentativité de la diversité au sein de la magistrature canadienne.

Combler les postes vacants de cette manière ne présente aucune difficulté étant donné les nombreux candidat(e)s PANDC dont les candidatures ont déjà été examinées.

Au cours de l'année dernière seulement, on comptait 13 candidat(e)s autochtones ou membres d'une minorité visible « hautement recommandé(e)s » par les comités consultatifs à la magistrature.

Quatre autres candidat(e)s provenant de ces groupes étaient « recommandé(e)s ».

Pourtant, des 86 nouveaux juges nommés en 2019, seuls deux étaient autochtones et quatre appartenaient à des groupes de minorités visibles.

5 Une attention particulière devrait être portée aux candidates PANDC, car leur nomination permettrait de répondre à la fois aux disparités de genre et à celles basées sur la race au sein de la Cour.

Les candidates PANDC font face à des difficultés uniques et qui se recoupent entre elles, ce qui leur donne une perspective critique quant aux enjeux systémiques, impliquant des problématiques de genre et des questions raciales.

La magistrature de la Cour fédérale ne compte présentement aucune femme juge PANDC. (note de l'auteur du guide, Julie Philippe a été nommée en septembre 2020)

Assurer la diversité de représentation n'est pas un nouveau concept pour la magistrature canadienne.

La Loi sur la Cour suprême prévoit, depuis 1949, la représentation territoriale par des dispositions requérant qu'au moins trois des juges viennent du Québec.

Selon l'usage, la sélection des six autres juges est faite de manière à assurer la représentation des autres régions canadiennes.

Les changements de 2016 au processus de nomination à la magistrature avaient également pour but de permettre une plus grande diversité, avec une attention particulière visant la parité entre les sexes.

De la même manière que le gouvernement s'est engagé en faveur de la diversité territoriale, linguistique et de genre, il doit prendre des mesures concrètes pour réaliser son engagement à promouvoir la diversité raciale au sein de la magistrature.

Nous demandons à ce que le gouvernement démontre son engagement en matière de diversité et oeuvre pour une plus grande représentation des personnes issues de minorités raciales et autochtones parmi les juges, à commencer par les six postes vacants à la Cour fédérale.

5. Réviser les critères d'évaluation applicables aux nominations à la magistrature pour mieux prendre en compte les obstacles systémiques auxquels font face les juges PANDC et établir un engagement général pour la nomination de juges PANDC dans le but de contrer les effets de plusieurs siècles de racisme institutionnel.

Un changement signicatif et à long terme de la composition de la magistrature fédérale canadienne requiert des modifications aux critères d'évaluation utilisés dans le processus de nomination, notamment : (i) la reconnaissance de l'existence d'obstacles qui affectent les candidat(e)s PANDC de façon disproportionnée et (ii) l'ajout de nouvelles mesures pour promouvoir activement la nomination de candidat(e)s issu(e)s de la diversité, dans le but d'inverser les effets causés par des siècles de racisme institutionnel.

L'exigence relative au bilinguisme est citée par plusieurs comme un obstacle à la nomination de juges PANDC à la Cour suprême.

En critiquant cette exigence, Lorne Sossin souligne que « cela suppose (sans justification) qu'un(e) candidat(e) qui parle anglais et français devrait être privilégié(e) face à un(e) candidat(e) qui parle anglais et l'une des langues autochtones du Canada, et qu'un(e) candidat(e) bilingue blanc(he) est préférable à un(e) candidat(e) unilingue qui représente une communauté ethnique par ailleurs sous-représentée au sein de la Cour ».

6 Bien que le bilinguisme ne soit pas une exigence obligatoire pour être nommé à la Cour fédérale ou à la Cour d'appel fédérale, il est actuellement mis en avant (avec l'exigence de posséder l'expérience de la cour) dans l'évaluation du critère de « compétence et expériences professionnelles ».
Or, les PANDC sont sous-représentés parmi celles et ceux qui sont fonctionnellement bilingues dans les deux langues officielles du Canada.

7 L'évaluation du critère du bilinguisme au même niveau que les autres critères représente donc un obstacle systémique à la nomination de juges PANDC.

Il importe de souligner que l'objet même de l'exigence relative au bilinguisme était de veiller à ce que les questions franco-canadiennes soient réglées par des gens avec un vécu francophone et que les valeurs et les perspectives des francophones soient incorporées dans le tissu de notre système judiciaire.

Le même objectif exige que des juges BIPOC soient nommés à la magistrature fédérale sans tarder. Une exigence rigide de bilinguisme ne peut justifier la mise en place d'une barrière pour les candidat(e)s PANDC ou l'appauvrissement de la qualité de la magistrature en excluant les expériences vécues et les perspectives des canadiens et canadiennes PANDC.

Un autre problème surgit du fait que les comités consultatifs à la magistrature sont chargés de créer « un bassin de candidat(e)s reflétant l'équilibre des genres et la représentativité de la diversité de la société canadienne de chaque province et territoire ».

Cependant, sans lignes directrices claires concernant la manière dont les comités consultatifs peuvent atteindre une telle diversité dans le bassin de candidat(e)s qu'ils recommandent, il y a peu d'espoir de changement.

Le manque de nominations PANDC au cours des quatre dernières années est la preuve que des directives plus claires sont nécessaires.

Reconnaissant la valeur d'une justice qui reflète la diversité raciale, nous recommandons :
a) La modification des critères d'évaluation pour inclure un objectif global qui reconnaît spécifiquement l'effet du racisme institutionnel sur le système judiciaire et qui accorde la priorité aux candidat(e)s provenant des communautés PANDC jusqu'à ce qu'une parité avec la population générale soit atteinte au sein de la magistrature en matière de représentation raciale.

b) Que l'appartenance à une communauté PANDC soit ajoutée aux caractéristiques à considérer dans l'évaluation des candidat(e)s.

Cette caractéristique devrait être considérée sur le même pied que le bilinguisme dans l'évaluation de la demande d'un(e) candidat(e).

La nomination de juges PANDC relève de l'essence même de notre système judiciaire.

Comme l'a déclarée l'ex-juge en chef Beverley McLachlin : « si nous voulons relever les défis de juger dans une société plurielle, nous devons travailler à mettre en place une magistrature qui reflète le peuple qu'elle juge.

La réalité, à laquelle j'ai fait mention plus tôt, est que beaucoup de gens, en particulier les femmes et les minorités visibles, peuvent avoir une confiance loin d'être entière envers un système composé exclusivement ou principalement d'hommes blancs d'âge mûr en pantalons rayés.

Ceci remet directement en question la capacité d'un tel tribunal à refléter les points de vues variés et les valeurs d'une société de plus en plus diversifiée ».

8 Ces questions se posent maintenant de plus en plus fréquemment. Nous demandons au gouvernement d'y répondre en donnant suite aux recommandations présentées dans la présente lettre afin d'assurer le maintien de la légitimité du système de justice fédéral.

Chaque jour d'inaction perpétue un modèle historique de marginalisation fondée sur la race et se traduit par de nouvelles décisions qui échouent à reconnaitre les expériences vécues par les communautés PANDC.

Veuillez agréer, Monsieur le Ministre, nos salutations distinguées.

Citons intégralement les signataires, pour se faire une idée de la puissance de la revendication et de l'unité des demandeurs.

[Organisations soussignées] cc: Le très honorable Richard Wagner, CP, Juge en chef du Canada L'honorable Marc Noël, Juge en chef à la Cour d'appel fédérale L'honorable Paul Crampton, Juge en chef à la Cour fédérale Marc A. Giroux, commissaire à la magistrature fédérale 8 Juge en chef Beverley McLachlin "Judging the Challenges of Diversity" (June 2012). Judicial Studies Committee Inaugural Annual Lecture, Edinburgh.

Au nom de 36 barreaux et organisations juridiques de partout au Canada

Les Barreaux signataires

Arab Canadian Lawyers Association
Canadian Association of Black
Lawyers Association canadienne des avocats musulmans
Canadian Hispanic
Bar Association Federation of Asian Canadian
Lawyers Indigenous Bar Association
Federation of Asian Canadian Lawyers (British Columbia) Society
South Asian Bar Association of Toronto(Ontario)
Les organismes juridiques :
Association canadienne des avocats et avocates en droit des réfugiés
Canadian Environmental Law Association Canadian
Prison Law Association
EcoJustice Junior Immigration and Refugee Lawyers
Network Association des avocats carcéralistes progressistes (Québec)
Association des avocats et avocates en droit carcéral du Québec (Québec)
Association des juristes progressistes / Association of progressive jurists (Québec)
Refugee Lawyers Association (Ontario)
Les cliniques juridiques spécialisées :
Black Legal Action Center (Ontario),
Centre for Spanish Speaking Peoples (Toronto)
Chinese & Southeast Asian Legal Clinic (Ontario)
HIV/AIDS Legal Clinic of Ontario(Ontario)

Indigenous Community Legal Clinic (British Columbia)
Just Solutions Legal Clinic (Québec)
Migrant Workers Centre (British Columbia)
Queen's Prison Law Clinic (Ontario)
South Asian Legal Clinic of Ontario(Ontario)
South Asian Legal Clinic of BC (British Columbia)
Les cliniques juridiques communautaires :
Clinique juridique de Saint-Michel / Saint-Michel Legal Clinic (Quebec) (Montréal)
Clinique juridique du Mile-End / Mile-End Legal Clinic (Montréal)
Durham Community Legal Clinic (Greater Toronto Area)
HamiltonCommunity Legal Clinic (Hamilton)
Legal Clinic of Guelph and Wellington County(Guelph) Neighbourhood
Legal Services (Toronto) Niagara Community Legal Clinic (Niagara Falls) Parkdale Community
Legal Clinic (Toronto) West Toronto Community Legal Services (Toronto)

LA LETTRE DU PRESIDENT DE L'ASSOCIATION DU BARREAU CANADIEN ET DE SON EX PRESIDENTE

Le président de l'ABC, Bradley D. Regehr, et la présidente sortante, Vivene Salmon, ont écrit le 14 septembre 2020 au premier ministre, Justin Trudeau, et au ministre de la Justice, David Lametti, pour les exhorter à nommer davantage de candidats de personnes Noires, d'Autochtones et de personnes de couleur à la Cour suprême et à d'autres postes de la magistrature fédérale.

Voici la lettre.

September 14, 2020

The Right Honourable Justin Trudeau, P.C.,
M.P. Prime Minister of Canada Office of the Prime Minister and Privy Council 80 Wellington Street Ottawa, ON K1A 0A2
The Honourable David Lametti, P.C., M.P. Minister of Justice and Attorney General of Canada284 Wellington Street Ottawa, ON K1A 0H8

Dear Prime Minister and Minister Lametti

Re: Appointing BIPOC Candidates to the Federal Judiciary

We are writing on behalf of the Canadian Bar Association to urge you to appoint Black, Indigenous and People of Colour (BIPOC) candidates to the Supreme Court of Canada and other federal judicial positions.

We have long called on the Government of Canada to make judicial appointments that reflect the diversity of the Canadian population, and to consider membership in equality-seeking racial groups one of the many factors in the assessment of judicial candidates.

1 We request a meeting with you to discuss how we can work together to achieve this goal. The CBA is a national association of 36,000 lawyers, law students, notaries and academics, from every jurisdiction of Canada, with a mandate that includes seeking improvements in the law and administration of justice, and access to justice.

We were pleased with your government's commitments to make "transparent, merit-based appointments, to help ensure gender parity and that Indigenous Canadians and minority groups are better reflected in positions of leadership."

2 We appreciate that your government modified the federal judicial appointment system in 2016 to increase the diversity of judicial appointments, including by gathering self-identification data and requiring Judicial Advisory Committee members to receive unconscious bias training.

However, we are concerned that these commitments and changes have not resulted in an appreciably more diverse judiciary to date. Between 2016 and 2019, only three percent of federal judicial appointees self-identified as Indigenous.

With no race disaggregated data we do not know how many federal judicial appointees identified as Black, but 1 See for example CBA Resolution, Equality in Judicial Appointments (2013) and Merit and Diversity on the Bench (2012), Recognition of Legal Pluralism in Judicial Appointments (2005).

3 Not collecting this data speaks to the difficulty of making substantive change. It is disconcerting that in 2020 there has never been a BIPOC individual appointed to the Supreme Court of Canada, given the diversity of the legal talent across the country.

Legal decisions affecting BIPOC communities are made by an overwhelmingly white judiciary with no first-hand experience of the racism and systemic challenges these communities face.

BIPOC judges would offer perspectives grounded in lived experience. A federal judiciary that reflects the Canadian population would also have greater credibility among members of equality-seeking communities. As Chief Justice Wagner has stated: "[j]ustice should not make a person feel like an outsider or an 'other' when they confront it."

4 We urge the federal government to review and revise criteria that create barriers to the appointment of BIPOC candidates. For example, critics have noted that requiring Supreme Court of Canada appointees to be functionally bilingual disproportionately excludes Indigenous candidates, who face systemic barriers to attaining this level of proficiency in both official languages.

5 While institutional bilingualism is an important principle, a candidate's inability to read materials in English and French and to understand oral arguments without an interpreter at the time of appointment should not be a bar to their serving on the Supreme Court of Canada.

6 The criteria for judicial appointments should give equal weight to the experiences and perspectives offered by candidates from BIPOC communities as it does to bilingualism. Overlooking BIPOC

candidates who speak other languages or are unilingual deprives our judiciary of these critical viewpoints.

7 We urge you to select qualified members of BIPOC communities for the current vacancies on the Federal Court, Superior Courts and Courts of Appeal, and the two vacancies that will open at the Supreme Court when Justice Abella and Justice Moldaver retire. For our part, the CBA and its branches will continue working to encourage BIPOC candidates to apply for federal judicial positions, through example and programing. We would welcome a meeting at your earliest convenience to discuss in greater detail how we can work together in this regard.

Sincerely,

(Original letter signed by Bradley D. Regehr and Vivene Salmon)
Bradley D. Regehr President Vivene Salmon Past President

SOURCES

Site du Barreau de Paris – article « égalité, harcèlement, violences – Articles 1.6 et 1.7 du Règlement Intérieur du Barreau de Paris
Senneville de Valérie – Iweins Delphone - Comment MeToo bouscule le monde feutré des avocats – Les Echos – 2 octobre 2019
Bouchez Yann – Jacquin Jean-Baptiste – Dans son cabinet, Me Betto faisait régner un « climat oppressant et sexualisé », selon le Barreau de Paris - 22 janvier 2020
Report « Us too ? Bullying and Sexual Harassment in the Legal Profession – 130 pages - 2019 – International Bar Association (IBA)
Déclaration sur la ratification par la France de la Convention n°190)de l'OIT, votée en assemblée plénière le 28 avril 2020 concernant l'élimination de la violence et du harcèlement dans le monde du travail – JORF 3 mai 2020
Convention n°190 de l'OIT
Recommandation n°206 du 28 avril 2020
Delas Jean-Marie – Dalloz - Radiation d'Alex Ursulet : « J'éprouve un sentiment de désappartenance » 26 février 2020

Vochelet Benoit – Ouest France – Harcèlement moral – le Bâtonnier Jacques Lapalus relaxé par le tribunal correctionnel de Rouen – 17/112016

Clermont Agnès – Ouest-France – L'ordre des avocats condamné pour harcèlement (Conseil des Prud'hommes) – 7/07/2015

Portmann Anne – L'ordre des avocats de Nantes condamné pour harcèlement moral – Dalloz- 29 juin 2016

Arrêt de la Cour d'Appel de Poitiers confirmant la condamnation de l'ordre des avocats de Nantes par le CDPH de La Roche sur Yon– 22 juin 2016 – n°15/03297

Défenseur des Droits – Enquête sur les conditions de travail et expériences de discriminations dans la profession d'avocat en France / Mai 2018 – 44 pages

Business Wire – L'initiative BlackNorth publie un engagement en tant que cabinet d'avocats – 14 juillet 2020

Engagement du Canadian Council of Business Learders against anti-black Systemic Racism (conseil canadien des chefs d'entreprise contre le racisme systémique ani-noirs) – Engagement en tant que cabinet d'avocats

Tison Florence – Droit INC – Les cabinets signent le BlackNorth – Initiative Law Firm Pledge – 28 août 2020

Monkman Lenard – Cree Lawyer Brad Regehr becomes 1 st indigenous president of Canadian Bar Association – CBC - 4 septembre 2020

Video youtube de Me Vilene Salmon pour la fin de son mandat de président de l'Association du Barreau du Canada

Law Times – CBA President Vivene Salmon honoured as 2020 woman of influence – 18 février 2020

Pandher Seema - Heine Alexandra - Lumbala Steven - Stories of systemic racism from the legal profession - Canadian Bar Association - CBA ABC National - 26 août 2020

Sealy-Harrington Joshua - (dis) Proving racism : a rebuttal to klippenstein's critical review of the law society of Ontario's report on challenges facing racialized licensees - University of Calgary - Faculty of law - Ablawg.CA - 20 février 2020

"Racial Justice in Canada : anti-black racism and the legal profession" - The Canadian Bar Association - 20 août 2020

Sealy-Harrington Joshua - Lawyered - The Podcast

The Canadian Bar Association - Chaudhry Sania - Anti-racism as part of continuing professional development - 4 septembre 2020

Law Society of Alberta- 2019 - Articling survey results report - 27 septembre 2019

The Canadian Bar Association - Lettre du 14 septembre 2020 - "Appointing BIPOC candidates to the Federal Judiciary" - Bradley D. Regehr et Vivene Salmon

Keung Nicholas - The Star - Fill the six vacancies on the federal Court with black, indigenous and people of colour judges, legal groups urge Ottawa - 14 septembre 2020

Website de Indigenous Bar Association Canada avec Drew Lafond comme président

Harris Kathleen - CBS News - Supreme Court's chief Justice calls for more diversity in Canada's legal system - Richard Wagner cites cases of racial blas, degrading stereotypes in court proceedings - 18 juin 2020

Décision-cadre 2008/913/JAI du Conseil du 28 novembre 2008 sur la lutte contre certaines formes et manifestations de racisme et de xénophobie au moyen du droit pénal

Directive 2000 / 43 / CE du Conseil du 29 juin 2000 relative à la mise en oeuvre du principe de l'égalité de traitement entre les personnes sans distinction de race ou d'origine ethnique

Discours sur l'Union du 16 septembre 2020 de Ursula Von Der Leyen

Statistics regarding Judicial Applicants and Appointees - october 28,2018 - october 2019

Rémunérations des avocats et des avocates - Rapport Major, Lindsey and Africa - Partner Compensation Surveys : a decade of perspective - Jeffrey A. Lowe - ESQ - 2020 - 33 pages

Barreau de Montréal - Le plan triennal du comité sur la diversité ethnoculturelle - 2017-2020 - 18 pages

Barreau de Montréal - Commission ethno-diversité

Lake Holly - Association du Barreau Canadien - CBA-ABC - Comment lutter contre les préjugés en milieu de travail juridique - 22 septembre 2020

Laurin-Desjardins Camille - Black is beautiful - Droit-INC - 25 septembre 2020

Covert Kim - Révisons les critères à la nomination des juges - Association du Barreau Canadien - 28 septembre 2020

Canada / Sur la situation des Premières nations / Rapport du commissaire Jacques Viens "Commission d'enquête sur les relations entre les Autochtones et certains services publics :écoute, réconciliation et progrès" / 2019 / 522 pages

Décret 940-2020, 9 septembre 2020 sur la nomination de madame Julie Philippe comme juge de la Cour du Québec

Balakrishnan Anita - Canadian Bar Association"s Vivene Salmon : systemic racism is not just an American problem - Law Times - 8 juin 2020

Dujay John - Lack of black lawyer eye-popping : partner - HRReporter - 5 août 2020

Watkins Ryan - Why so few Black partners in Canada's top law firms ? The Lawyer's daily - 10 août 2020

Dobby Christine - Why are there still so few Black lawyers on Bay Street ? The Globe and Mail - 10 août 2020

Venne Jean-François - Les programmes de diversité et de parité se multiplient - Les Affaires - 12 janvier 2020

Massé Isabelle - La diversité est une préoccupation dans le monde juridique, dit l'avocate Karine Joizil - La Presse - 12 juin 2020

LES RISQUES PHYSIQUES D ETRE AVOCAT

Les risques physiques encourus par les avocats génèrent des risques psychosociaux gravissimes. Il y a les risques générés par les comportements des clients, les risques générés par certaines affaires en relation avec le milieu, les mafias, les cartels, le terrorisme et les risques générés par la répression politique.

Commençons par les risques dus à certains clients dangereux.

Il y a des cas extrêmes dans la gestion d'un client. Ainsi, celui de l'avocate française, Caty Richard, inscrite au Barreau de Pontoise (Val d'Oise), depuis 26 ans.

Depuis plusieurs années, l'avocate est la cible d'un ancien client âgé de 35 ans atteint de troubles psychiatriques. L'homme, hospitalisé d'office à plusieurs reprises, est autorisé régulièrement à regagner son domicile. Il n'en démord pas. L'avocate, pour lui, est responsable de ses problèmes et du temps que la justice met à traiter son affaire. Les menaces de mort plongent la famille dans une angoisse terrible. L'avocate déclare : « Je sais qu'il va me tuer. La seule vraie question, c'est quand ».

Quelle est la parade dans une telle situation ? Changer de Barreau, et déménager, ne serviraient à rien. Seule une protection policière à la fois de l'avocate et de ses proches sont susceptibles d'apporter une sécurité, en sus de soins médicaux et d'un internement de l'individu.

Toutefois, combien de temps l'avocate peut-elle supporter une telle menace et une telle pression ? Les conséquences sur les enfants de l'avocate sont importantes. Le client est interné mais l'interrogation subsiste sur la durée de l'internement. Le passage à l'acte est toujours à redouter. L'avocate n'a d'autre choix que de solliciter une protection policière renforcée si l'individu est remis en liberté.

Le bouleversement de la vie de cette avocate et de sa famille génère un nombre quasi ingérable de risques psychosociaux, traumatismes endurés et encourus.

Tout avocat a vu le film Les Nerfs à vif (Cape Fear), film américain réalisé par Martin Scorsese, sorti en 1991, remake du film de Jack Lee Thompson sorti en 1962. Aucun avocat ne souhaite vivre ce cauchemar.

Les agressions entre avocats

Les affaires d'agression entre avocats sont exceptionnelles. Rappelons la dérive mortelle de Me Joseph Scipilliti, auteur d'un journal testament dans lequel il se plaint du système de fonctionnement de l'ordre des avocats. Joseph Scipilliti a blessé très grièvement par balles le Bâtonnier Henrique Vannier, avant de se suicider au tribunal de Melun.

Les risques générés par les différentes formes de criminalités

Certains avocats, en contact avec le milieu ou des délinquants dangereux, exposent leur vie. Ils sont très nombreux à être victimes de mafieux, de tueurs de cartels. La liste est malheureusement très longue. Citons quelques cas qui ont fait la une.

Le 22 juin 2007, l'avocat franco-algérien Karim Achoui, présenté comme le conseil de membres du milieu, est pris pour cible à la sortie de son cabinet. Un homme casqué le crible de deux balles. Blessé, Achoui s'en sort car l'arme du tueur s'enraye. Mais l'opération apparaît comme une opération d'élimination. Comment vit-il cette tentative d'élimination ? Il a écrit un livre sur cet épisode.

L'ancien Bâtonnier, Andoine Sollacaro est assassiné le 19 octobre 2012 à Ajaccio dans un contexte corse où politique et crime organisé font souvent bon ménage.

En septembre 2019, l'avocat néerlandais Derk Wiersum est abattu dans une rue d'Amsterdam. Wiersum était l'avocat d'un témoin dans une grosse affaire de drogue.

Beaucoup d'autres assassinats d'avocats sont à signaler. Ce qui vient d'être rappelé n'est qu'un très mince échantillon.

Les persécutions politiques

D'abord citons le texte fondamental : Basic Principles on the Role of Lawyers - Adopted by the eighth united nations congress on the prevention of crime and the treatment of offenders, Havana, Cuba 27 August to 7 September 1999.

"Whereas in the Charter of the United Nations the peoples of the world affirm, inter alia , their determination to establish conditions under which justice can be maintained, and proclaim as one of their purposes the achievement of international cooperation in promoting and encouraging respect for human rights and fundamental freedoms without distinction as to race, sex, language or religion,

Whereas the Universal Declaration of Human Rights enshrines the principles of equality before the law, the presumption of innocence, the right to a fair and public hearing by an independent and impartial tribunal, and all the guarantees necessary for the defence of everyone charged with a penal offence,

Whereas the International Covenant on Civil and Political Rights proclaims, in addition, the right to be tried without undue delay and the right to a fair and public hearing by a competent, independent and impartial tribunal established by law,

Whereas the International Covenant on Economic, Social and Cultural Rights recalls the obligation of States under the Charter to promote universal respect for, and observance of, human rights and freedoms,

Whereas the Body of Principles for the Protection of All Persons under Any Form of Detention or Imprisonment provides that a detained person shall be entitled to have the assistance of, and to communicate and consult with, legal counsel,

Whereas the Standard Minimum Rules for the Treatment of Prisoners recommend, in particular, that legal assistance and confidential communication with counsel should be ensured to untried prisoners,

Whereas the Safeguards guaranteeing protection of those facing the death penalty reaffirm the right of everyone suspected or charged with a crime for which capital punishment may be imposed to adequate legal assistance at all stages of the proceedings, in accordance with article 14 of the International Covenant on Civil and Political Rights,

Whereas the Declaration of Basic Principles of Justice for Victims of Crime and Abuse of Power recommends measures to be taken at the international and national levels to improve access to justice and fair treatment, restitution, compensation and assistance for victims of crime,

Whereas adequate protection of the human rights and fundamental freedoms to which all persons are entitled, be they economic, social and cultural, or civil and political, requires that all persons have effective access to legal services provided by an independent legal profession,

Whereas professional associations of lawyers have a vital role to play in upholding professional standards and ethics, protecting their members from persecution and improper restrictions and infringements, providing legal services to all in need of them, and cooperating with governmental and other institutions in furthering the ends of justice and public interest,

The Basic Principles on the Role of Lawyers, set forth below, which have been formulated to assist Member States in their task of promoting and ensuring the proper role of lawyers, should be respected and taken into account by Governments within the framework of their national legislation and practice and should be brought to the attention of lawyers as well as other persons, such as judges, prosecutors, members of the executive and the legislature, and the public in general. These principles shall also apply, as appropriate, to persons who exercise the functions of lawyers without having the formal status of lawyers.

Access to lawyers and legal services

1. All persons are entitled to call upon the assistance of a lawyer of their choice to protect and establish their rights and to defend them in all stages of criminal proceedings.

2. Governments shall ensure that efficient procedures and responsive mechanisms for effective and equal access to lawyers are provided for all persons within their territory and subject to their jurisdiction, without distinction of any kind, such as discrimination based on race, colour, ethnic origin, sex, language,

religion, political or other opinion, national or social origin, property, birth, economic or other status.

3. Governments shall ensure the provision of sufficient funding and other resources for legal services to the poor and, as necessary, to other disadvantaged persons. Professional associations of lawyers shall cooperate in the organization and provision of services, facilities and other resources.

4. Governments and professional associations of lawyers shall promote programmes to inform the public about their rights and duties under the law and the important role of lawyers in protecting their fundamental freedoms. Special attention should be given to assisting the poor and other disadvantaged persons so as to enable them to assert their rights and where necessary call upon the assistance of lawyers.

Special safeguards in criminal justice matters

5. Governments shall ensure that all persons are immediately informed by the competent authority of their right to be assisted by a lawyer of their own choice upon arrest or detention or when charged with a criminal offence.

6. Any such persons who do not have a lawyer shall, in all cases in which the interests of justice so require, be entitled to have a lawyer of experience and competence commensurate with the nature of the offence assigned to them in order to provide effective legal assistance, without payment by them if they lack sufficient means to pay for such services.

7. Governments shall further ensure that all persons arrested or detained, with or without criminal charge, shall have prompt access to a lawyer, and in any case not later than forty-eight hours from the time of arrest or detention.

8. All arrested, detained or imprisoned persons shall be provided with adequate opportunities, time and facilities to be visited by and to communicate and consult with a lawyer, without delay,

interception or censorship and in full confidentiality. Such consultations may be within sight, but not within the hearing, of law enforcement officials.

Qualifications and training

9. Governments, professional associations of lawyers and educational institutions shall ensure that lawyers have appropriate education and training and be made aware of the ideals and ethical duties of the lawyer and of human rights and fundamental freedoms recognized by national and international law.

10. Governments, professional associations of lawyers and educational institutions shall ensure that there is no discrimination against a person with respect to entry into or continued practice within the legal profession on the grounds of race, colour, sex, ethnic origin, religion, political or other opinion, national or social origin, property, birth, economic or other status, except that a requirement, that a lawyer must be a national of the country concerned, shall not be considered discriminatory.

11. In countries where there exist groups, communities or regions whose needs for legal services are not met, particularly where such groups have distinct cultures, traditions or languages or have been the victims of past discrimination, Governments, professional associations of lawyers and educational institutions should take special measures to provide opportunities for candidates from these groups to enter the legal profession and should ensure that they receive training appropriate to the needs of their groups.

Duties and responsibilities

12. Lawyers shall at all times maintain the honour and dignity of their profession as essential agents of the administration of justice.

13. The duties of lawyers towards their clients shall include:

(a) Advising clients as to their legal rights and obligations, and as to the working of the legal system in so far as it is relevant to the legal rights and obligations of the clients;

(b) Assisting clients in every appropriate way, and taking legal action to protect their interests;

(c) Assisting clients before courts, tribunals or administrative authorities, where appropriate.

14. Lawyers, in protecting the rights of their clients and in promoting the cause of justice, shall seek to uphold human rights and fundamental freedoms recognized by national and international law and shall at all times act freely and diligently in accordance with the law and recognized standards and ethics of the legal profession.

15. Lawyers shall always loyally respect the interests of their clients.

Guarantees for the functioning of lawyers

16. Governments shall ensure that lawyers (a) are able to perform all of their professional functions without intimidation, hindrance, harassment or improper interference; (b) are able to travel and to consult with their clients freely both within their own country and abroad; and (c) shall not suffer, or be threatened with, prosecution or administrative, economic or other sanctions for any action taken in accordance with recognized professional duties, standards and ethics.

17. Where the security of lawyers is threatened as a result of discharging their functions, they shall be adequately safeguarded by the authorities.

18. Lawyers shall not be identified with their clients or their clients' causes as a result of discharging their functions.

19. No court or administrative authority before whom the right to counsel is recognized shall refuse to recognize the right of a lawyer to appear before it for his or her client unless that lawyer has been disqualified in accordance with national law and practice and in conformity with these principles.

20. Lawyers shall enjoy civil and penal immunity for relevant statements made in good faith in written or oral pleadings or in their professional appearances before a court, tribunal or other legal or administrative authority.

21. It is the duty of the competent authorities to ensure lawyers access to appropriate information, files and documents in their possession or control in sufficient time to enable lawyers to provide effective legal assistance to their clients. Such access should be provided at the earliest appropriate time.

22. Governments shall recognize and respect that all communications and consultations between lawyers and their clients within their professional relationship are confidential.

Freedom of expression and association

23. Lawyers like other citizens are entitled to freedom of expression, belief, association and assembly. In particular, they shall have the right to take part in public discussion of matters concerning the law, the administration of justice and the promotion and protection of human rights and to join or form local, national or international organizations and attend their meetings, without suffering professional restrictions by reason of their lawful action or their membership in a lawful organization. In exercising these rights, lawyers shall always conduct themselves in accordance with the law and the recognized standards and ethics of the legal profession.

Professional associations of lawyers

24. Lawyers shall be entitled to form and join self-governing professional associations to represent their interests, promote their

continuing education and training and protect their professional integrity. The executive body of the professional associations shall be elected by its members and shall exercise its functions without external interference.

25. Professional associations of lawyers shall cooperate with Governments to ensure that everyone has effective and equal access to legal services and that lawyers are able, without improper interference, to counsel and assist their clients in accordance with the law and recognized professional standards and ethics.

Disciplinary proceedings

26. Codes of professional conduct for lawyers shall be established by the legal profession through its appropriate organs, or by legislation, in accordance with national law and custom and recognized international standards and norms.

27. Charges or complaints made against lawyers in their professional capacity shall be processed expeditiously and fairly under appropriate procedures. Lawyers shall have the right to a fair hearing, including the right to be assisted by a lawyer of their choice.

28. Disciplinary proceedings against lawyers shall be brought before an impartial disciplinary committee established by the legal profession, before an independent statutory authority, or before a court, and shall be subject to an independent judicial review.

29. All disciplinary proceedings shall be determined in accordance with the code of professional conduct and other recognized standards and ethics of the legal profession and in the light of these principles".

Les persécutions politiques des avocats sont très nombreuses ! Rappelons certains cas parmi les plus médiatiques mais gardons à l'esprit que nombre de praticiens subissent en silence les atteintes fondamentales aux droits rappelés plus haut.

Nous connaissons tous le parcours extraordinaire de Nelson Mandela, avocat emprisonné pour avoir combattu l'apartheid.

Arrêté en 1962 par le gouvernement de l'apartheid d'Afrique du Sud, Nelson Mandela a passé vingt-sept ans en prison, 10 052 jours de détention, pour ensuite avoir un destin de président.

Le 9 septembre 2020. est décédé George Bizos à 92 ans, fuyant les Nazis en Grèce, arrivé à 13 ans en Afrique du Sud, avocat de l'ANC au procès de Rivonia notamment de Nelson Mandela dont il était l'ami, combattant la barbarie de l'Apartheid et militant des droits de l'Homme. Défendre l'ANC comportait d'énormes risques. Toute défense d'organisations politiques expose l'avocat physiquement.

De très nombreux cas de persécution politique sont à signaler actuellement dans le monde entier, notamment en Iran, en Turquie, en Chine. Les réseaux sociaux permettent d'informer l'opinion publique.

Citons l'exemple de Nasrin Sotoudeh, avocate iranienne emprisonnée depuis le 13 juin 2018 en Iran, condamnée à 38 ans de prison et à 148 coups de fouet pour avoir défendu les droits des femmes et protesté contre le port obligatoire du voile. Me Nasrin Sotoudeh a commencé une grève de la faim. Elle a reçu le prix Ludovic Trarieux en 2018.

Les avocats turcs Ebru Timtik et Aytac Unsal étaient détenus par le pouvoir turc, parmi bien d'autres avocats. Maître Ebru Timtik est décédée après une grève de la faim de 238 jours, en août 2020, pendant que les autres avocats croupissent en prison.

L'article "Droits de l'Homme : les deux soeurs Timtik distinguées par des avocats européens", publié dans le Figaro le 24 septembre 2020, rappelle la mobilisation des Barreaux.

Citons une partie de cet article très éclairant.

"L'avocate turque Barkin Timtik et sa sœur Ebru, dont la mort après une longue grève de la faim avait suscité l'indignation internationale, se sont vu décerner le prix international des Droits de l'Homme Ludovic-Trarieux jeudi à Genève. Le Jury a choisi de rappeler au monde le martyre que subissent les avocats en Turquie aujourd'hui et de ne pas dissocier dans son hommage et sa gratitude les deux soeurs Barkin et Ebru Timtik, l'une en prison pour dix-huit années et l'autre morte de sa grève de la faim pour réclamer un procès équitable», a expliqué à l'AFP jeudi l'avocat bordelais Bertrand Favreau, fondateur du prix et président du jury qui s'est prononcé à Genève.

Ebru Timtik avait été condamnée en 2019 à plus de 13 ans de prison pour «*appartenance à une organisation terroriste*».

Elle avait entamé une grève de la faim en février mais est décédée en août 2020 à l'âge de 42 ans, après 238 jours de grève de la faim. Sa mort a provoqué une vague d'indignation dans le monde entier. Sa soeur Barkin, 38 ans, a pour sa part été condamnée en mars 2019 à 18 ans et 9 mois d'emprisonnement, accusée par la justice turque d'être proche du Parti-Front révolutionnaire de libération du peuple (DHKP-C) dont elle a défendu des militants.

Le DHKP-C est désigné comme organisation terroriste par la Turquie mais aussi par les Etats-Unis et l'Union européenne.

Le prix Ludovic-Trarieux

Le jury de ce 25 e prix Ludovic-Trarieux, du nom de l'avocat fondateur de la Ligue des Droits de l'Homme en 1898, était composé de 27 avocats européens, représentant les Barreaux d'Amsterdam, Athènes, Barcelone, Berlin, Bordeaux, Bruxelles, Genève, Luxembourg, Paris, Rome et Venise.

Le prix, dont le premier lauréat en 1985, était Nelson Mandela, alors emprisonné, vise à récompenser chaque année un avocat ayant illustré par son oeuvre, son activité ou ses souffrances, la défense du respect des droits de l'Homme.

Le Barreau de Port au Prince s'est vu attribué la mention spéciale de Barreau de l'année 2020.

L'an dernier, il avait été attribué à un jeune avocat de 33 ans, défendant les petits paysans spoliés en Colombie, Rommel Duran Castellanos et en 2018 l'avocate iranienne Nasrin Sotoudeh, emprisonnée après avoir notamment défendu des femmes iraniennes ayant ôté leur voile en public".

L'opposant russe à Vladimir Poutine, avocat de formation, Alexei Navalny, victime d'un empoisonnement avec un neurotoxique du type Novitchok, en août 2020, transféré dans un hôpital allemand, illustre aussi les risques énormes encourus. Si Navalny survit, quelles séquelles neurologiques aura-t-il ?

Anon Nampa, avocat thaïlandais, vient d'être arrêté par la junte militaire au pouvoir. Une fois de plus.

Pire, le 28 août 2020, le Bâtonnier de l'Ordre des avocats de Port-au-Prince, Maître Monferrier Dorval a été assassiné par balles.

Le Conseil National des Barreaux, organisation professionnelle française, soutient très activement tous ces avocats persécutés comme beaucoup d'autres Barreaux étrangers. Une minute de silence a été respectée lors du décès de Me Ebru Timtik.

Des observatoires existent comme l'observatoire international des avocats. Toutefois, l'impuissance à éviter les assassinats, les incarcérations ou les disparitions, comme en Chine et à Hong Kong, reste un terreau exceptionnel de risques psychosociaux dans leur plus haute variété et densité. La menace place en permanence sur les avocats.

Que faire sinon dénoncer, enquêter, identifier les auteurs et les juger. On sait néanmoins que la justice indépendante n'est pas l'apanage de tous les pays. On sait aussi que concernant la Chine et la Turquie, seules des pressions politiques et économiques sont efficaces. Les discours sur les droits de l'Homme sont vains.

Parmi les sources sélectionnées ci-dessous, certaines recherches comme celles de Marc Hansen et Stephen Kelson aux Etats-Unis, Karen N. Brown et de Saint-Cyr Yosie au Canada, apportent des analyses intéressantes.

Tout ce qui précède n'est qu'une infime illustration de cette tragédie constante, le risque mortel d'être avocat.

Ce risque est systémique et dépasse évidemment le traitement médiatique de simples faits divers.

En 2020 et en 2021, les procès des attentats terroristes commis en France auront lieu. Ces affaires et leur contexte continueront de bouleverser la vie des avocats, aux prises avec nombre de risques psychosociaux, mais exposés aussi physiquement.

La menace permanente, inévitable, devrait justement mobiliser tous les moyens de lutte contre les risques psychosociaux. La parade pour le moment, du moins en France, est individuelle, improvisée. Elle demande à être mieux pensée et organisée.

SOURCES

Le Parisien – Le cauchemar d'une avocate Caty Richard menacée de mort par un ancien client depuis des années – 2 juin 2020
Bouutry Timothée - Le Parisien - Je sais qu'il va me tuer - Caty Richard - 25 mai 2020
Bacqué Raphaëlle "Dans un « journal » testament, il multiplie les attaques contre le « système », la justice et le bâtonnier. 29 octobre 2015
Achoui Karim - L'avocat à abattre- le Cherche-midi - 2008
France Info - 18 septembre 2019 - Pays-Bas : un avocat abattu en plein jour à Amsterdam (Me Derk Wiersum)
Le Monde du 17 octobre 2012 - Antoine Sollacaro, un homme révolté contre toute forme d'injustice - Michel Tubiana, président

d'honneur de la ligue des Droits de l'Homme et André Paccou, membre du comité central de la LDH

Barbier Adrien - Le Monde - Au Mozambique, la mort d'un avocat français a ouvert une longue liste d'assassinats politiques

Mecili Annie - Libération - L'affaire Mecili entache toujours les relations franco-algériennes - 7 avril 2018

Conseil National des Barreaux - 23 novembre 2018 - Protect-lawyer.com - Nouveau site de l'OIAD pour parler des avocats en danger - Observatoire international des avocats en danger - @ProtectLawyers

Rapports de l'observatoire international des avocats

Le Monde du Droit - Ces avocats assassinés, emprisonnés, persécutés dans le monde en 2018 - 29 mai 2018

Website de l'Institut des Droits de l'Homme des avocats européens (IDHAE)

Edition 2019 de l'ouvrage "Ces avocats assassinés, emprisonnés, persécutés dans le monde" a été publiée par l'Institut des droits de l'Homme des avocats européens (IDHAE), préfacée par le bâtonnier de l'ordre des avocats de Genève, Grégoire Mangeat et introduit par le Président de l'IDHAE, Bertrand Favreau

Galland Marion – Lazard Violette – Vendetta – Les héritiers de la brise de mer – Plon

Mandela Nelson - Lettres de prison - Pocket

Mandela Nelson - Mandla Langa - Etre libre, ce n'est pas seulement se débarrasser de ses chaines - Pocket

Avocats sans Frontières / Observatoire international des avocats – agir pour les avocats dans le monde

Brown, K., et MacAlister, D. (2006). Violence and threats against lawyers practising in Vancouver, Canada. Canadian Journal of Criminology and Criminal Justice, 48(4), 543-571

Saint-Cyr Yosie -Violence and Threats Against Lawyers Is a Growing Concern in Canada – 28 février 2013 – SLAW – Canada's online legal magazine

New York Times – Victims of chance in deadly rampage – 7 juillet 1993 n the most infamous workplace violence incident related to the legal profession, in 1993, a former client shot and killed eight people at the San Francisco law offices of Pettit and Martin.

Brown N Karen -An exploratory analysis of violence and threats against lawyers – Thesis submitte in partial fulfillment of the requirements for the degree of master of arts in the school of criminology – Simon Fraser university – summer 2005 – 131 pages

Hansen Mark - Lawyers in Harm's way - American Bar Association Journal - 1998

Kelson Stephen - An increasingly Violent Profession - Utah Bar Journal - 2001

Kelson Stephen -Violence Against the Idaho Legal Profession - Idaho State Bar - 2008

Kelson Stephen - Violence Against the Nevada Legal Profession " Sate Bar of Nevada - 2012

Juzeau Camille - Podcast Arte Radio – L'avocat des terreurs

Le Monde – Turquie : une avocate emprisonnée après 238 jours de grève de la faim – 28 août 2020

Cantier François -Ebru Timtik morte pour la défense - Dalloz - 3 septembre 2020

Droits de l'Homme - Les deux soeurs Timtik distinguées par des avocats européens - Le Figaro - 24 septembre 2020

L'AVOCAT FACE AUX RISQUES PSYCHOSOCIAUX MEDIATIQUES

Ce thème justifierait comme les autres thèmes un livre à lui seul. Nous nous limiterons d'ailleurs à la France en l'abordant là encore d'une manière générale, la personnalité du praticien, son ego, ses forces, ses faiblesses, ses compétences, sa localisation, jouant un rôle essentiel.

Les médias et les réseaux sociaux déversent en continu leur torrent d'informations, vraies, fausses, savamment mélangées. La justice n'est pas épargnée avec en première ligne, les avocats.

Pour l'avocat, il est nécessaire de savoir identifier une affaire hors norme dès le départ. Cette phase pourrait s'appeler l'identification.

Une affaire hors norme est une affaire impliquant des personnes particulièrement vulnérables, des enfants, des personnes âgées, des personnes handicapées, mais aussi des personnalités publiques, des hommes et des femmes politiques, des terroristes, des Etats, des chefs d'Etat, des syndicats, des membres de services spéciaux. La liste est très longue.

Les conséquences directes sont multiples et complexes.

Le praticien a intérêt à ne pas s'écarter des dispositions de règlement intérieur prévoyant certaines règles pour communiquer avec les médias.

L'avocat est exposé. Sa biographie est fouillée. Il est l'avocat ou du bien ou du mal. Il est jugé.

Dans tous les cas, les camps opposés s'affrontent. Les membres, associés ou salariés du cabinet, sont aussi concernés. Les mails, les appels téléphoniques, les courriers se multiplient, bouleversant l'organisation habituelle.

L'avocat peut être submergé par des courriers d'intimidation, de menaces de mort, d'appels téléphoniques, d'éléments remettant en question sa sécurité physique. Il peut être victime de hacking.

Mais pas seulement.

Les dommages collatéraux d'une médiatisation dans une affaire judiciaire atteignent les proches, famille, amis, alliés, partenaires.

Sans compter la pression, vécue parfois comme une ingérence, de l'ordre des avocats. Certains membres du conseil de l'ordre ne manquent pas, dans ces circonstances, de rappeler la doxa. Pas de publicité et de racolage. Communiquer sans violer ni le secret de l'instruction, ni le secret professionnel, un défi quand tout vous échappe.

Quel avocat a-t-il appris à tenir une conférence de presse, en temps normal, en temps de crise, avec les journalistes locaux, nationaux ou internationaux ?

Cette stratégie dépendant de la nature de chaque dossier, est laissée à l'appréciation de l'avocat. Il sait où tenir la conférence, avec qui, associer ou non certains autres professionnels. Ou il improvise totalement, pour le mieux ou pour le pire. Pas de règle établie. Les pires maladresses sont constatées. Tout le monde n'est pas fait pour s'adresser à une caméra.

La conférence de presse peut aussi être une occasion de régler ses comptes avec le Parquet.

Ce dernier n'est souvent pas plus préparé aux micros et aux caméras.

Une affaire hors norme, l'assassinat d'un enfant, par exemple, commence par l'appréhension d'une situation de crise. Les informations pleuvent. Par le canal officiel, c'est-à-dire par le Parquet ou par des fuites savamment orchestrées, voire involontaires, les protagonistes étant nombreux, policiers, gendarmes, greffiers, juges, avocats, experts, médecins, témoins mais aussi les proches de la victime ou de l'agresseur.

L'avocat peut aussi ne pas communiquer dans la crise.

Sa parole n'en est que plus forte et solennelle lorsqu'elle s'élève, à un moment où un semblant de sérénité revient après un silence.

La santé physique et psychologique du praticien est directement concernée. Le stress et les troubles de l'anxiété peuvent être dévastateurs. Une situation de crise judiciaire se double fréquemment d'une situation de crise psychologique.

Comment réagir à un tel bombardement de critiques, de commentaires, de sollicitations, et comment résister ? Comment éviter sous la pression une altération de la qualité de son travail ?

Une méthode consiste à s'entourer.

La difficulté est de trouver les bons professionnels, des avocats si possible, peu importe leur spécialité, tant que leur jugement est objectif, que leur loyauté est à toute épreuve. Mais d'autres professionnels, médecins, psychologues, par exemple, sont très utiles. Ils ne sont toutefois pas faciles à trouver et à mobiliser. Une cellule d'appui peut ainsi se former.

Débriefing et defusing à différents étapes de l'affaire sont absolument nécessaires pour l'avocat impliqué dans une affaire médiatique.

Associer ou non le conseil de l'ordre ? Solliciter un conseil est toujours une solution potentielle. Mais là encore, tout reste une question de cas d'espèce.

En général, lorsque le conseil de l'ordre est impliqué, dans une démarche, dans une stratégie, les divergences d'opinion, les sensibilités, les inimitiés, les rancunes, la jalousie, permettent rarement un socle commun, sauf si les droits de la défense sont bafoués.

On assiste alors dans ce dernier cas, la plupart du temps, à une solidarité réactionnelle professionnelle et corporatiste aux limites très vite constatées car ponctuelle.

En outre, il existe un certain équilibre et un certain mode de communication non écrit entre les ordres des avocats locaux et le Parquet. Evitons les vagues, disent certans Bâtonniers.

Certains rechignent à travers des passes d'armes à remettre en question les concessions instaurées difficilement dans nombre de domaines.

Consulter la structure ordinale peut aussi passer pour une preuve de fragilité et un manque d'indépendance. Certains confrères concurrents exploitent cette ouverture qu'ils présentent alors comme une faille.

Dans la plupart des cas, il faut reconnaître que l'avocat est bien seul et travaille sans réel filet.

Durant le procès, si celui-ci mobilise vraiment la presse, la publication en direct des tweets de la presse spécialisée fait que l'avocat n'a plus aucun pouvoir d'annonce. Ses sentiments, concernant l'audience, sont répercutés via des interviews brèves et souvent coupées.

La brièveté des commentaires et surtout la dénaturation des propos tenus lors des audiences peuvent être néanmoins une excellente opportunité pour l'avocat de tenir son rôle, par exemple, de préciser un point de droit particulièrement technique, à un moment choisi, après l'audience.

Reste aussi à être pédagogue, la cible étant aussi l'opinion publique, pas seulement les professionnels.

Enfin, après le procès, la pression retombe. D'autres dangers surviennent pour l'avocat. Le retour à l'anonymat est pour certains très douloureux, voire insupportable. C'est le temps du retour et de la reconstruction.

Après le craving, l'après-craving qui doit faire l'objet de toutes les attentions.

Là encore, des débriefings, la rédaction d'articles, l'écriture d'un livre, la création d'un blog, la constitution d'une association, peuvent contribuer à faciliter le retour à une vie professionnelle dite normalisée, et gérer la reconquête d'un certain anonymat.

L'avocat a une mission de défense mais il doit songer à son auto-défense.

Il ne faut pas non plus donner l'impression d'une sur-exploitation du dossier à des fins commerciales et de promotion du cabinet.

Rappelons que la notoriété n'est ni la popularité ni la célébrité. Une carrière se gère sur la durée.

Une proposition à faire est de créer un référent médias dans les Barreaux. Des cours communs avec l'Ecole Nationale de la Magistrature peuvent aussi être organisés. Un observatoire des médias spécialisés dans la justice peut être constitué.

Les risques de stress post traumatique sont à signaler. La consultation d'un médecin spécialiste est conseillée pour prévenir et connaître les symptômes.

Il ne faut pas dissoudre ou disperser la cellule d'appui qui a entouré l'avocat mais sceller un nouveau pacte de solidarité, d'une autre nature, mais aussi efficace, une task force par "temps de paix".

Certaines défenses s'inscrivent dans la défense de causes nationales et internationales. Le militantisme voire le lobbying constitue des issues potentielles à des affaires judiciaires.

Il est conseillé aussi de prolonger sa veille des médias, et des réseaux sociaux afin de protéger le cas échéant son e-réputation.

Par ailleurs, il est bien rare qu'il n'y ait pas de plaintes devant le Bâtonnier ou des enquêtes ordinales.

Le temps de la justice est long, tout le monde le sait. L'avocat doit dans les affaires médiatiques être endurant, parfaitement organisé et se préparer à tout.

Dans certaines affaires, notamment de terrorisme, la protection policière du praticien persiste au-delà des procès. Cela concourt à renforcer, dans la durée, toute la panoplie des risques psychosociaux, tel le stress mais bien d'autres aussi.

On a bien compris que les aléas du destin sont nombreux. Certaines affaires peuvent faire basculer la vie de l'avocat ou le propulser.

Le tout est d'échapper aux risques psychosociaux, visibles, attendus, ou tapis dans l'ombre. A condition de les connaître et surtout de ne pas les sous-estimer.

SOURCES

Webinar Force aux Droits "Droits de la défense et exposition médiatique des avocats" - Youtube - 5 octobre 2020

DES RPS GENERES PAR LES DETOURNEMENTS DE FONDS DE LA CARPA

Ce chapitre concerne principalement la France mais le Canada et bien d'autres pays sont confrontés au détournement d'argent de certains avocats.

Quel est le lien avec les risques psychosociaux des avocats ?

Tentons une brève analyse du phénomène.

De Jean-Marc Barthez à Lyon, Xavier Aurientis à Aix-en-Provence, François de Casalta à Bastia, Robert Bernier à Dijon en 1991, Jean-Christophe Guigues à Béziers, Jean-Philippe Lagrange à Castres en 2013, Chantal Azémar Morandini à Cannes, Philippe Pigeon à Saint-Nazaire, en 2018, pour ne citer que ces exemples, des détournements de fonds au sein de la CARPA sont régulièrement découverts.

Ces pratiques plongent les avocats intègres qui font tout pour s'en sortir et donner une image positive de la profession dans un désarroi profond.

Ce sont des dizaines de millions d'euros qui disparaissent des CARPA. Mais combien d'autres détournements connus ou inconnus, une certaine omerta protégeant certains professionnels indélicats passant littéralement sous les radars ?

Combien de petites ou de grandes fortunes faites avec des systèmes défaillants de contrôle ou des complicités actives, passives, qu'en sait-on ?

Comment en 2009, à Bastia, une somme de 1 596 683 euros a pu etre détournée ? La somme de 34 millions de francs à Rodez ?

Prenons l'exemple d'un Barreau d'un peu plus de cent avocats, celui de Saint-Nazaire. L'ex Bâtonnier de Saint-Nazaire (1989-1992) Philippe Pigeon, a été condamné à 18 mois de prison ferme et 18 mois avec sursis pour le détournement de 350 000 euros entre 2008 et 2013. Ex maire de la Turballe (1983-1989), Philippe Pigeon a détourné les sommes sous les bâtonnats de Bruno Denis (décembre 2007-2009), de Jacques Lambert (2009-2011), de Carole Robard (2011-2013).

Qu'est-ce qui n'a pas fonctionné dans les contrôles ? Est-ce qu'un ancien Bâtonnier échappe plus qu'un autre à la vigilance ?

Comment surtout ignorer les multiples détournements de fonds dans le passé, dans nombre de Barreaux et ne pas mettre un système de contrôle efficace ?

Les détournements de fonds, notamment d'ex Bâtonniers, ont un impact gigantesque sur l'image du Barreau et de ses avocats. Les conseils de l'ordre, les trésoriers, les présidents de CARPA sont bien sûr mis en cause pour leur insuffisance, leur manque de vigilance.

Toutes ces escroqueries génèrent pour les autres avocats, incompréhension et défiance.

L'absence d'intégrité de certains professionnels ne peut être combattue que par la vigilance et la capacité de contrôle des autres professionnels, volontaires pour occuper ces responsabilités collectives. On est bien au delà de l'apparat et de l'orgueil pour certains de se sentir au-dessus de la mêlée du commun des avocats. Encore faut-il qu'ils fassent leur travail.

Prévenir de tels actes est-il possible ? Les dommages collatéraux sur les avocats intègres sont-ils réparables ? Quelle communication un Barreau doit-il faire en direction de ses membres, lorsqu'un membre, notamment un ex Bâtonnier, est condamné à la prison ?

La honte ressentie, le sentiment que son identité de professionnel intègre, se désintègre littéralement, les questions de sa clientèle, de son entourage, la couverture médiatique, les procès devant les juridictions pénales, civiles, les répercussions dans la magistrature dont le mépris affiché, autant d'étapes que les Barreaux devraient gérer beaucoup mieux au lieu de s'enfoncer la plupart du temps dans le silence.

Les risques psychosociaux découlant des brebis galeuses sont substantiels. L'absence d'intégrité génère de profonds débats sur les conflits de valeur. Les avocats, occupant les postes stratégiques dans les Barreaux, sont souvent ex associés, ennemis, amis, proches, de certains autres avocats qui devraient faire l'objet de surveillance. Les responsabilités personnelles de certains sont susceptibles d'être engagées. Mais le sont-elles ?

Plusieurs parades sont susceptibles de s'appliquer.

D'abord, détecter à temps les problèmes de certains praticiens pour les accompagner. Lors des audiences de jugement, les « détourneurs » de fonds parlent de divorce, de spirale, de vanité, de volonté d'apparat et donc d'un engrenage infernal pour tenter de se justifier.

Confrontés à des difficultés au sein de leur vie personnelle, ils puisent dans les fonds des clients, sachant qu'une fois découverts, leur carrière sera pulvérisée. C'est une forme de suicide professionnel.

Il ne faut pas oublier d'accompagner lors de la découverte des détournements, les praticiens qui étaient chargés de la surveillance. Leur manque de vigilance ne les condamne pas au refus de soins. Encore faut-il qu'ils les acceptent.

Compte tenu de la consanguinité au sein de certains Barreaux, ex associés devenus ennemis, rivaux, concurrents, notamment, les contrôles devraient se dépayser.

Par ailleurs, nul étonnement à entendre régulièrement la proposition, voire la menace, de confier l'argent des CARPA à la caisse des dépôts et des consignations.

Une solution pourrait être de détecter et de repérer les avocats à risques, sans exception, Bâtonniers et ex Bâtonniers inclus, avec neutralité et bienveillance. Mais comment faire ?

En résumé, lors de détournements de fonds de la CARPA, il faut prévoir au sein des Barreaux un plan d'information des avocats et un suivi scrupuleux de l'affaire. Les risques psychosociaux engendrés chez certains membres du Barreau sont de l'angoisse, de la colère, de l'anxiété, du découragement, du dégoût. Certains peuvent ressentir encore plus fortement l'envie de s'éloigner d'un métier sali et opter pour une reconverstion La défiance, la méfiance, la honte sont des réactions exprimées. En outre, un éloignement volontaire des instances ordinales peut résulter d'une impression d'impunité, d'incompétence, d'un manque de professionnalisme. Une résiliience est très difficile à faire mais peut être facilitée par des mesures énergiques et de nouvelles équipes en place.

Probablement faut-il ne plus confier de mandats électifs aux avocats qui ont commis de telles erreurs de surveillance ou qui n'ont pas su améliorer le système.

En même temps, prendre en considération le choc psychologique de ces avocats, dépassés ou incompétents, est nécessaire.

Le travail à faire est gigantesque, nécessitant les bons acteurs au bon endroit au bon moment et beaucoup de transparence.

SOURCES

Chevrillon Hedwige – L'Express – 9 janvier 1995 – Les avocats piegés par l'argent facile –

Bouliou Julien – L'écho de la presqu'ile – 14 décembre 2018 – Saint-Nazaire, l'ancien batonnier des avocats (Philippe Pigeon) condamné pour des détournements de fonds –

Sasin Marie – L'ex-bâtonnier de Béziers (Jean-Christophe Guigues) incarcéré pour avoir détourné l'argent de ses clients – RTL – 4 janvier 2019

Babonneau Marine - Dalloz actualités – 4 mai 2017 -Pots cassés d'un avocat bastiais : l'Ordre de Paris et le CNB finalisent la transaction huit ans après

Brassart Pauline – La Dépêche.FR – 24 octobre 2018 – Castres, Tarn, un ancien avocat (Jean-Philippe Lagrange) jugé pour avoir détourné plus de trois millions d'euros.

Ouest-France – Cannes : soupçonnée de détournement de fonds, une avocate (Chantal Azémar-Morandini) mise en examen – 9/11/2016 –

Radio-Canada - Détournement de fonds par des avocats : le barreau du Québec trop indulgent ? 16 février 2017

Facture Reportages – Emission 221 – 24 septembre 2002 -Legis Québec – Code de déontologie des avocats

LES PANAMAS PAPERS ET LA DESTRUCTION DE L'IMAGE DES AVOCATS

Qu'ont de commun des avocats solo spécialistes du droit de la famille, du droit des étrangers, de droit du travail avec les firmes d'avocats spécialisées dans le blanchiment d'argent ? Rien, à part la même dénomination professionnelle, le titre d'avocat.

Dans l'esprit du public, l'image est souvent la même : corruption et vénalité.

Comment échapper à cette terrible image ? Quels RPS minent la profession lorsque sa perception extérieure est si dégradée ?

Le fantastique scandale des Panama Papers, une opération de révélation baptisée "opération Prometheus" réunit malheureusement tout ce qui peut atteindre l'image de l'avocat.

En avril 2016, le lanceur ou la lanceuse d'alerte des Panama Papers, sous le pseudonyme de Joe Doe, transmet au journal allemand Suddentiche Zeitung, un manifeste écrit en anglais afin d'expliquer les raisons de sa remise à la presse de 11,5 millions de fichiers, provenant du cabinet d'avocats installé à Panama, Mossack Fonseca.

L'appellation des Panama Papers est une référence aux Pentagone Papers de la guerre du Vietnam, nom donné au dossier secret de

7000 pages révélé au public en 1971 par le New York Times, notamment.

370 journalistes répartis dans 109 rédactions dans 80 pays par l'intermédiaire du consortium international des journalistes d'investigation (ICIJ) basé à Washington, partagent les données. Les risques sont grands de voir éliminer physiquement certains enquêteurs. Dispatcher les informations récoltées et répartir le travail permettent de réduire les risques. Les journalistes enquêteurs ont redoublé de prudence, utilisant des mesures de sécurité afin d'éviter le hacking, par exemple, le PGP qui est le cryptage systématique des mails à l'aide d'une clé de chiffrement.

Cette affaire des Panama Papers est la plus grande révélation de documents exploités par les médias (2,3 To). Elle dépasse les données des cables de wikileaks de 2010, les offshorre Leaks de 2013, les données des Luxleaks de 2014, et des Swiss leaks de 2015.

Parmi les activités connues du cabinet Mossack Fonseca, le blanchiment d'argent, le placement de sommes aux origines opaques ? la création de sociétés visant à recycler l'argent.

L'image des avocats a énormément souffert de cette révélation. Mais aucun sondage n'est disponible, aucune étude spécifique ne semble avoir été faite.

Mais qui est Mossack Fonseca ?

Le cabinet Mossack Fonseca est créé en 1986. La firme, maintenant dissoute, comptait plus de 500 employés répartis dans plus de 40 bureaux. Plus de 300 000 entreprises comme clients. La plupart étant déclarées au Royaume-Uni ou dans les paradis fiscaux britanniques. Le cabinet travaille avec les banques les plus prestigieuses. Mossack Fonseca était la 4 ème plus grosse firme de droit offshore du monde.

Joe Doe (homme ou femme ?) précise qu'il n'a jamais travaillé pour un gouvernement ou un service de renseignement, ni directement ni en tant que consultant.

Il invoque son indépendance. Le message est clair. Il est hors contrôle. Il frappe comme il veut.

Il rappelle que Mossack Fonseca a violé en toute connaissance de cause, de manière répétée, une infinité de lois.

Joe Doe affirme « que l'inégalité des revenus est l'un des problèmes déterminants de notre époque et que l'heure est venue d'une action véritable pour combattre un système de corruption massive et généralisée ».

Reste à savoir si vraiment une idéologie du partage ou d'une meilleure justice sociale est le soubassement des actions de Joe Doe.

Comment l'avocat peut-il être à l'origine de tels détournements de la loi avec la déontologie et l'éthique qui régissent ses activités ?

Mossack Fonseca incarne-t-il un modèle répandu et courant de cabinet d'avocat ? Ou est-il une exception ?

Selon Mossack Fonseca, les sociétés offshores ne sont pas illégales. Mais leur usage comme sociétés-écran dans l'évasion fiscale ou le blanchiment d'argent l'est.

Joe Doe fait un très violent réquisitoire contre l'organisation de la profession d'avocat.

Il déclare dans son manifeste que « c'est avant tout la profession juridique qui a échoué. La gouvernance démocratique repose sur des individus responsables partout dans le système qui comprennent et respectent la loi, plutôt que de la comprendre pour l'exploiter. Les avocats ont globalement atteint un tel niveau de corruption qu'il est impératif que des changements majeurs interviennent dans la profession, bien au-delà des timides propositions qui sont actuellement proposées ».

Il poursuit :

« Pour commencer, l'expression « déontologie juridique » sur laquelle sont basés les codes de conduite et les permis d'exercer est devenu un oxymore. La firme Mossack Fonseca ne travaillait pas seule. Malgré des amendes répétées et des violations de régulations étayées, cette firme a trouvé dans presque chaque pays du monde des alliés et des clients auprès de cabinets d'avocats de premier plan. Si les preuves du bouleversement de l'économie de cette industrie n'étaient pas suffisantes, *il est désormais impossible de nier le fait que les avocats ne devraient plus avoir le droit de se réguler entre eux.* Cela ne marche simplement pas. Ceux qui ont les moyens financiers peuvent toujours trouver un avocat pour servir leurs desseins, que cela soit Mossack Fonseca ou un autre cabinet inconnu. Qu'en est-il du reste de la société ? »

Face à l'opération Prometheus, aucun avocat ne peut rester insensible. La profession dans son ensemble est compromise, à un degré jamais atteint. Beaucoup d'éléments n'ont pas encore été rendus publics. On pourrait s'attendre à plusieurs vagues de révélations. La question pour l'immensité d'avocats honnêtes est comment garder la tête haute face à une image aussi désastreuse. Le pire est que probablement d'autres cabinets d'avocats oeuvrent toujours avec les mêmes objectifs. International Consortium of investigative journalists vient d'ailleurs de publier une autre enquête sur les banques permettant des mouvements d'argent sale. Cette enquête FinCEN FILES promet encore des révélations, démontrant le fantastique fossé entre ce qui est proclamé et ce qui se passe en réalité.

SOURCES

Chaverou Eric, - France Culture - Comment ont pu être publiés les Panama Papers ? 5/11/2017

Evolution of the EU list of tax havens - Liste actualisée au 18 février 2020

Transparency-France.Org @TI_France

Asso-sherpa.org Sherpa @Asso_Scherpa

Anticor.org @Anticor_org

Indice de perception de la corruption (IPC) en 2019 publié par Transparency International

Rapport / Pour un meilleur encadrement du lobbying / 56 pages / Transparency International

Site internet de la Haute Autorité pour la transparence de la vie publique

Site internet de International Consortium of investigative journalists

Le Monde - Les décodeurs - FinCEN FILES : comment les grandes banques mondiales ferment les yeux sur les mouvements d'argent sale ? 20 septembre 2020

BARREAU DE PARIS : QUELLES PARADES POUR CONTRER LE BLANCHIMENT D'ARGENT PAR CERTAINS AVOVATS ?

Le scandale des Panamas Papers a mis en lumière le colossal blanchiment de sommes d'argent. L'implication de certains cabinets d'avocats, en amont et en aval, a suscité un choc terrible dans la profession. Ces affaires très médiatiques créent des RPS très dangereux pour les praticiens respectant règles et valeurs. Cette image publique désastreuse attachée à la profession d'avocat est très difficile à combattre. Des dispositifs visent à entraver cette tentation qu'ont certains avocats à transgresser les règles. Pour beaucoup de praticiens intègres, éviter de se faire instrumentaliser et manipuler est un objectif, avec tout un cortège de risques psychosociaux à la clef.

La nouvelle enquête - FinCEN files - conduite par le Consortium international des journalistes d'investigation (ICIJ) avec le site d'information américain BuzzFeed News et 108 médias internationaux, dont Le Monde, démontre que les plus grandes banques mondiales participent au blanchiment d'argent.

Les flux financiers soumis annuellement au contrôle des CARPA atteignent 54 milliards d'euros.

Qu'organise réellement la profession d'avocat pour préserver ses membres d'un risque de blanchiment ? Prenons l'exemple du Barreau de Paris.

L'ordonnance n° 20206115 du 12 février 2020 renforçant le dispositif national de lutte contre le blanchiment de capitaux et le financement de terrorisme, transpose la cinquième directive anti-blanchiment du 30 mai 2018.

Cette ordonnance a renforcé les obligations des avocats dans le cadre de la lutte contre le blanchiment des capitaux et le financement du terrorisme.

L'avocat a une obligation de vigilance afin de ne pas être instrumentalisé à des fins de blanchiment ou de financement du terrorisme.

Le Barreau français avec le système des CARPA propose une solution. Le contrôle des maniements de fonds effectués par les avocats pour le compte de leurs clients s'organise selon le principe d'autorégulation approuvé par la Cour européenne des droits de l'homme (Cour EDH, 6 décembre 2012, Michaud / France, requête n° 12323).

Conformément au secret professionnel garanti par l'article 8 de la Convention européenne des droits de l'homme auquel l'avocat est strictement tenu (art. 226-13 du Code Pénal), il ne peut communiquer les éléments contenus dans son dossier à une banque. En revanche, il ne peut opposer celui-ci à la CARPA conformément à l'article 53-9° de la loi du 31 décembre 1971 (Civ 1ère 21 octobre 2003 n°01-11-16).

Le conseil d'orientation de la lutte contre le blanchiment (COLB) a alerté sur l'émergence de nouveaux risques de fraude ou de contournement des mesures de gel des avoirs (sanctions financières ciblées).

L'Ordre des avocats de Paris a créé un espace E-LCB/FT, un acronyme exprimant un "niveau de risque de blanchiment de capitaux et de financement du terrorisme". Le CNB publie l'analyse sectorielle des risques (ASR) de blanchiment de capitaux et de financement du terrorisme pour la profession d'avocat.

La CARPA permet l'accès au LAB Avocat. C'est un outil d'identification des personnes faisant l'objet de sanctions financières ciblées notamment pour le gel des avoirs. Cette disposition permet de vérifier que des personnes physiques ou morales ne font pas l'objet de sanctions.

Un questionnaire d'auto évaluation en ligne est à renseigner chaque année par chaque praticien.

Le conseil de l'ordre doit en effet disposer des principaux éléments garantissant que le cabinet remplit bien ses obligations en matière de lutte contre le blanchiment et le financement du terrorisme.

Le CNB et l'UNCA étaient présents, aux côtés de la DG Trésor et de l'ACPR, au premier Forum des superviseurs du GAFI qui s'est déroulé en Chine les 11 et 12 novembre 2019.

Organisé par la présidence chinoise du GAFI (groupe d'action financière), ce forum visait à présenter et partager les meilleurs pratiques et défis rencontrés par les Etats membres. La supervision des entités et des professions soumises aux impératifs de la lutte contre le blanchiment des capitaux et du financement du terrorisme nécessite une coordination.

La cellule de renseignement financier Tracfin a publié, le 10 décembre 2019, son rapport d'activité 2019 intitulé risques de blanchiment et de financement du terrorisme 2018 – 2019.

Ce rapport met l'accent sur plusieurs domaines sensibles : la criminalité organisée, les manquements au devoir de probité dans certains secteurs, la lutte contre le financement du terrorisme, la fraude fiscale et sociale, la cybercriminalité financière, avec un focus sur les DROM COM exposés à des risques de blanchiment de capitaux particuliers, du fait des risques de détournement des dispositifs d'incitation et du blanchiment de trafic de stupéfiant. Les signalements des avocats à Tracfin restent très peu nombreux.

Tous ces dispositifs visent à assainir les pratiques de la profession d'avocat.

Ainsi, Jean-François Meyer, avocat du président gabonais, Omar Bongo, durant près de 20 ans, est poursuivi pour complicité de blanchiment de détournements de fonds publics et de corruption, et pour avoir servi de prête-nom. Son compte professionnel servait à faire transiter les fonds pour acquérir des appartements.

Les RPS subis par nombre de praticiens, confrontés aux pratiques illégales de leurs pairs, pourraient se réduire si ces mécanismes de contrôle arrivent à dissuader et à faire condamner les récalcitrants.

Souffrir de cette image si négative de l'avocat blanchisseur d'argent et auxiliaire des trafiquants de tout ordre, n'est plus acceptable pour les praticiens intègres.

SOURCES

Article du Monde du 10 février 2020 sur l'avocat J.F Meyer, conseil du président gabonais

Circulaire de politique pénale du 2 juin 2020 en matière de lutte contre la corruption internationale avec des lignes directrices, précisant le rôle central du PNF, le signalement, les investigations, le choix des modes de poursuite et de sanction

Décret n° 2020-119 du 12 février 2020 renforçant le dispositif national de lutte contre le blanchiment de capitaux et le financement du terrorisme

Ordonnance n° 2020-115 du 12 février 2020 renforçant le dispositif national de lutte contre le blanchiment de capitaux et le financement du terrorisme

Tracfin : Rapport d'activité 2019 intitulé « risques de blanchiment et de financement du terrorisme 2018 – 2019 »

Conseil d'orientation de la lutte contre le blanchiment (COLB)

Website du GAFI

GAFI -Guidance for a Risk-Based Approach Guidance for Legal Professionals 2019

Avocatparis.org - Lutte contre le blanchiment et le financement du terrorisme - Découvrez votre nouvel espace E-LCB/FT- Dossier complet de la CNB sur la fraude et le blanchiment d'argent
Code de déontologie du Conseil des Barreaux européens (CCBE)
Directive (UE) 2018/843 du Parlement européen et du Conseil du 30 mai 2018 modifiant la directive (UE) 2015/849 relative à la prévention de l'utilisation du système financier aux fins du blanchiment de capitaux ou du financement du terrorisme ainsi que les directives 2009/138/CE et 2013/36/UE
Carpafrance.org
Article 53 de la loi du 31 décembre 1971 Cour EDH, 6 décembre 2012, Michaud contre France, requête n°12323
ICIJ – FinCEN Files
Frison-Roche Marie-Anne - Attorney's professional secret and filter mechanism in balance with fighting money laundering : constitutional analysis in favor of attorney's secret - arrêt n°114/2020 du 24 septembre 2020 de la Cour Constitutionnelle de Belgique - Linkedin - 10 octobre 2020

LES RPS GENERES PAR LE HACKING DES CABINETS D AVOCATS

Certains cabinets d'avocats sont victimes de hacking, mettant à néant la confidentialité et le secret professionnel.

La destruction de la réputation professionnelle entraîne évidemment une perte de clients et une diminution de chiffres d'affaires. Une telle situation génère des risques psychosociaux vraiment dramatiques, atteignant tout le personnel des cabinets. La faille technologique génère potentiellement toute la panoplie de RPS. La vulnérabilité de nombre de structures, avocats associés, groupés, ou en solo, est encore très importante.

70 % des infractions qualifiées de cyber sont liées à des escroqueries. 25 % sont liées à l'image et à la vie privée comme le cyber harcèlement, la pédopornographie, notamment.

Les 5 % restant sont des infractions de hacking constitutives d'une atteinte à un système de traitement automatisé de données (ASTAD).

Deux formes de hacking sont à rappeler.

La première forme de hacking est davantage motivée par des raisons politiques. Cest le hacktivisme. Ainsi, les ordinateurs du cabinet Puckett and Faraj situé à Washington ont été hackés par le collectif Anonymous.

Cette firme Puckett and Faraj représentait le sergent Franck Wuterich impliqué dans la mort de 24 civils irakiens, désarmés, à Haditha en 2005.

On peut aussi citer le hacking du cabinet anglais Gallant Macmillan. Celui-ci luttait contre le téléchargement illégal.

La deuxième concerne le insider hacking. Le pirate cherche des informations visant à acheter des actions boursières, anticipant sur une fusion, par exemple. L'objectif est purement mercantile.

Mais les cabinets de droit des affaires ne sont pas les seules cibles. Les hackers peuvent aussi dérober quantité d'informations personnelles et confidentielles, tant de personnes physiques que morales pour les vendre. Les fichiers clients, dont des actes d'état-civil, des relevés bancaires, des factures, des déclarations d'impôts, sont pillés notamment pour usurper des identités.

Beaucoup de insider hacking ne sont pas rendues publics. Mais parfois, les médias s'emparent de certaines attaques dont l'ampleur surprend.

Ainsi, en mai 2020, le cabinet d'avocats américains Grubman Shire Meiselas et Sacks, ayant pour clients Lady Gaga, Madonna, Christina Aguilera, Elton Jonh, Mary J. Blige, Barbara Streisand, Mariah Carey, Bruce Springsteen, a été hacké.

La méthode tend à se multiplier. Un rançonlogiciel est installé, interdisant l'accès à de nombreuses données numériques tant qu'une rançon n'est pas payée. Nombre d'informations personnelles ont été volées, atteignant 756 gigaoctets. La cyberattaque a été revendiquée par le groupe de hackers Revil connu aussi sous le nom de Sodinokibi. Le logiciel serait issu de développeurs experts de Ganderab.

Revil n'en est pas à son coup d'essai. Le groupe a réussi à soutirer entre janvier 2018 et mai 2019 deux milliards de dollars à leurs nombreuses victimes. Revil infecte ses victimes en passant par l'hébergeur de leur site Internet ou de leurs outils numériques, en compromettant des sites de téléchargement de logiciels, avec des mails malveillants.

Ce groupe a littéralement pillé Grubman Shire Meiselas et Sacks. Il a publié en ligne un extrait du contrat de la tournée « Madame X » de Madonna avec Live Nation.

Revil a tenté de négocier le retour des données pour 21 millions de dollars. En vain. Alors Revil a exigé 42 millions.

Le FBI saisi de l'enquête, rappelle que payer une rançon est de toute façon interdit par le droit fédéral américain.

Même si la rançon est payée aux hackers, rien ne prouve en effet que les informations n'ont pas été copiées et qu'elles ne circuleront pas après avoir été revendues. D'autres demandes de rançons pourraient être faites.

Revil, pour l'instant impuni, a visé en 2019 la société de change britannique Travelex qui avait accepté de payer plus de deux millions de dollars de rançon.

Le fishing est une autre technique de piratage, pouvant aussi atteindre n'importe quel praticien. Il consiste à cliquer sans le vouloir sur un lien contenu dans un mail. Un petit logiciel appelé Key Logger est alors installé, permettant au pirate de connaître tous les codes effectués, banques, assurances, messageries, réseaux sociaux. Le cabinet canadien Wallace and Pittman a perdu ainsi 300 000 dollars. Le cabinet d'avocats français Cornet, Vincent, Segurel aurait lui aussi été victime du fishing.

Notons que la banque a refusé de rembourser le cabinet canadien Wallace and Pittman, invoquant l'absence de protection efficace du cabinet.

Les services de renseignements de certains Etats peuvent aussi piller et espionner les ordinateurs des avocats. Lorsque ces derniers ont en charge des dossiers impliquant des personnages politiques ou concernant le terrorisme, une surveillance est à craindre.

Les systèmes informatiques des tribunaux ne sont pas plus en sécurité. Une enquête a été confiée à la Direction générale de la Sécurité intérieure après un piratage informatique visant le Tribunal de Paris début septembre 2020.

Le procureur de la République Rémy Heitz, des avocats et des juges comme Aude Buresi, juge d'instruction au pôle financier qui a notamment travaillé sur le financement illégal de l'ex-FN ou le dossier libien de Nicolas Sarkosy, ont été piratés.

Le piratage pourrait avoir été fait par le biais de courriels frauduleux, la fameuse technique du "cheval de Troie".

Les avocats doivent donc disposer de moyens technologiques permettant de protéger les dossiers des clients.

A défaut, leurs responsabilités pourraient être engagées lors de class action, par exemple, avec à la clef, des indemnités à payer qui pourraient être très importantes. La gestion du risque de l'information doit être optimale.

En cas de hacking, un plan de crise s'impose afin de contacter les clients, les informer et gérer les retentissements médiatiques. Le praticien et ses employés peuvent être dévastés moralement et physiquement. Un hacking peut annihiler le travail d'une vie.

Personne ne souhaite confier son dossier à un avocat qui se fait piller ses informations par manque de conscience ou de moyens de protection. 95% des infractions qualifiées de cyber sont évitables grâce à des systèmes de prévention et de protection. Chaque cabinet doit par conséquent disposer d'un budget et d'un référent informatique. La France a mis en place beaucoup d'outils, notamment le site Cybermalveillance.gouv.fr.

Le nombre de sinistres augmenterait deux fois plus vite que le nombre de souscriptions des assurances cyber, dont le marché progresserait de 30 à 40 % par an. Un énorme marché se profile, incontournable.

Une chose est certaine, si les conséquences d'un hacking s'ajoutent aux risques psychosociaux habituellement rencontrés dans le métier d'avocat, il sera très difficile de s'en sortir, sauf si une riposte est parfaitement mise en place, à l'aide de spécialistes.

Le mieux encore, c'est de trouver un partenaire informatique assez compétent pour dissuader tout hacker. Là encore, la marchandisation du risque sera un obstacle. Les Barreaux peuvent aussi négocier des contrats d'assurance de groupe.

Le message est clair, la sécurité des données des clients est la priorité absolue. En dépend la santé de l'avocat, ce qui n'est pas forcément analysé ainsi.

SOURCES

Le Huffington Post – Le tribunal de Paris visé par une attaque informatique massive – 6 septembre 2020
Gobert Céline – les avocats dans les filets des hackers – Droit-INC – 25/03/2020
Shane Scott - F.B.I. Admits Hacker Group's Eavesdropping – The New York Times – 3 février 2012

Dorange A – Cybersécurité des cabinets d'avocats : Il est urgent et assez simple de s'en préoccuper – Village de la justice – 6 juillet 2020

« Remettre l'humain au cœur de la cybercriminalité » Revue de la Gendarmerie Nationale, n° 266, 4e trim. 2019, p. 46 et s.

Brenot Simon – L'enjeu de la cybersécurité pour les avocats : un investissement au long terme – Village de la justice – 18 février 2020

Rapport Interpol : Cybercrime Covid-19 Impact - août 2020 - 20 pages -

Guide de l'ANSSI (agence nationale de la sécurité des systèmes d'information) sur l'hygiène informatique

Guide de l'ANSSI "Attaques par rançongiciels, tous concernés"

Rapport d'information (Sénat) de Sophie Joissans et Jacques Bigot sur la cybercriminalité, défi à relever aux niveaux national et européen - juillet 2020

Hervé Emmanuelle - Imbert-Vier Frans - 5 règles d'or en cas d'attaques cyber - We law care

Website Cybermalveillance.gouv.fr - Assistance et prévention du risque numérique au service des publics -

Marchive Valery - Emotet : le monde de la magistrature en alerte maximale - Le Mag IT - 7 septembre 2020

Marchive Valery - BTP, cabinet d'avocats : Maze revendique deux nouvelles victimes en France - Le Mag IT - 2 septembre 2020

Webinaire / Gestion de crise / Rôle de l'avocat et du juriste / Cyberattaque d'un cabinet d'avocat - Side Quest - 17 septembre 2020

Joubaire Anne-Laure - Wilo - Cabinets d'avocats : la cible idéale des cyber-attaques - 11 septembre 2020

LES RPS DES AVOCATS GENERES PAR LE DOXING

Issu du verbe anglais « to document » (documenter, fournir des preuves), le doxing est une pratique née aux Etats-Unis au milieu des années 1990 avec l'essor d'Internet.

Le doxing a pour but de nuire à la réputation d'une personne en publiant certaines informations personnelles, comme des coordonnées, l'adresse, le numéro de téléphone, les pseudonymes utilisés sur différents sites, voire des photos intimes. Les doxers peuvent aussi faire des montages.

Le problème est que si un avocat a volontairement publié, sur un site accessible à tous, notamment sur un blog, ou sur les réseaux sociaux, ses coordonnées ou ses photos, un tiers peut récupérer ces informations et les publier à son tour avec des commentaires.

La collecte de données publiques n'est pas illégale mais leur utilisation répond à des pratiques prévues par la loi.

L'atteinte à la vie privée, la dénonciation calomnieuse sont évidemment facilitées par l'anonymat sur les réseaux sociaux.

Certaines attaques peuvent provenir d'autres praticiens concurrents directs ou des services d'Etats souhaitant déstabiliser certains avocats.

En cas d'attaque, porter plainte s'impose immédiatement.

Il peut être nécessaire de fermer ses comptes sur les réseaux sociaux ou de faire appel à un tiers pour gérer les messages diffamants.

On imagine les conséquences de la fermeture d'un blog d'avocat, d'un compte twitter suivi par nombre de clients ou d'un compte Linkedin.

La sélection des photos ou textes publiés sur les réseaux sociaux, blogs ou autres est particulièrement conseillée.

Le doxing n'est pas rare lorsque l'avocat traite des affaires très médiatiques. A lire, pour compléter ce chapitre sur le doxing, le chapitre sur l'avocat et les risques psychosociaux médiatiques ainsi que celui sur les risques physiques encourus par l'avocat.

LES RAVAGES DES TROUBLES MUSCULOSQUELETTIQUES

Quels sont les facteurs de risques générant des troubles musculo-squelettiques (TMS) rencontrés par les avocats ?

De multiples TMS de différentes gravités naissent dans une organisation défectueuse des postes de travail au sein du cabinet, notamment.

Mais l'environnement professionnel, physique de l'avocat, ne se circonscrit pas au périmètre du cabinet stricto sensu.

L'avocat partage plusieurs postes de travail, la Covid-19 oblige.

Toutefois, cabinet et domicile sont des lieux appropriés et dépendants exclusivement de la volonté de l'avocat, de la prise de conscience de l'importance de prévenir les RPS.

Les salles d'audience, par contre, sont-elles conçues, pensées, pour épargner les avocats ?

Les couloirs sont-ils adaptés à de si longues attentes ?

Existe-t-il une réelle prise de conscience dans la conception des tribunaux, si hétérogènes, visant à une prévention ?

Quel est le parcours quotidien d'un avocat ?

Parking inexistant, lointain, exigeant le port des dossiers, du cartable lourd, de l'ordinateur, salles mal éclairées, temps plus ou moins long d'attente, sièges inadaptés, locaux de l'ordre trop petits, micros des salles fixés trop bas, cafetarias sommaires, mais aussi les visites dans les prisons et on en passe.

Mais avant d'atteindre le palais de justice, il y a le temps de transport. Tout dépend du mode, métro, voiture, moto, à pied, vélo.

Qu'en est-il aussi pour les avocats présentant des handicaps ?

Quelles influences les avocats ont-ils sur l'élaboration, la conception, la construction, l'aménagement de leurs lieux de travail, collectifs, publics, à savoir, les juridictions ? L'agence publique de construction du ministère français de la justice écoute-t-elle les avocats ?

Ne pourraient-ils pas être consultés d'une façon plus volontariste ?

Les symptômes des TMS sont différés par rapport aux périodes d'exposition. Ils se manifestent et évoluent dans la durée. Leur nature et leur impact diffèrent selon l'âge et l'état de santé du professionnel.

Mains, poignets, dos, vertèbres cervicales, fatigue visuelle à cause d'une lumière inadaptée, d'un ordinateur, trop bas, trop haut, d'un siège inadapté, sont les TMS les plus fréquents.

Il faut analyser les positions dans leur ensemble et déployer un plan d'actions à l'aide d'indicateurs afin de rendre efficace la prévention.

L'aide d'un ergonome s'avère très utile. Mais quels praticiens du droit y recourent-ils ? Les ordres ne pourraient-ils pas organiser des missions, des conférences, des ateliers ?

Dans tous les cas, le professionnel devra effectuer en permanence un repérage.

L'environnement de l'avocat varie en effet selon les tâches et les lieux, la nature et les temps de transports, les restrictions de circulation avec la Covid-19.

Est-il facile d'avoir ce réflexe permanent de diagnostic personnel ? Un repérage peut s'effectuer, ne serait-ce que par un cahier, un carnet, tenu à jour, personnel ou collectif, voire les deux, centralisant des observations, des schémas.

Réaliser un bilan périodique permet d'actualiser le plan de prévention et d'action. Les solutions mises en place ont-elles apporté les résultats attendus ? Mais comment les adapter, les compléter ?

Quelles sont les propositions des salariés du cabinet, des collaborateurs, des stagiaires ? Le retour d'expériences et les observations de tous les acteurs, juniors, seniors, permettent de construire un plan d'action TMS et un cahier des charges.

Le dialogue doit être permanent.

Les TMS et leur gravité, leur majoration, leur fréquence dépendent aussi des troubles physiques préexistants chez les professionnels.

Dans la réalité, la productivité et l'efficacité prennent l'avantage sur le bien-être.

Une prise de conscience n'est pas suffisante. Une formation doit être dispensée dans les écoles d'avocats mais aussi durant l'exercice professionnel au titre de la formation continue.

Par ailleurs, l'intégration d'un médecin du travail et d'un ergonome référent au sein de chaque Barreau s'avèrerait bien utile voire nécessaire.

SOURCES

Rapport de l'Organisation Internationale du Travail et de la fondation européenne pour l'amélioration des conditions de travail Eurofound dite Fondation de Dublin- mai 2019 -
International Labour Organization – Ergonomic check points : practical and easy-to-implement solutions for improving safety, health and working conditions – 1 juillet 2010
Prevention policy and practice: approaches to tackling work-related musculoskeletal disorders European Risk Observatory

Report / Title of EU-OSHA project: Authors: Richard Graveling (Principal Ergonomics Consultant) with Eva Giagloglou (Research Ergonomist) Institute of Occupational Medicine (IOM), Edinburgh – United Kingdom/ Mai 2020

Review of research, policy and practice on prevention of work-related musculoskeletal disorders (MSDs)

Bernard Murrye – Architect - Shining a light on health and well-being – 31 mai 2018 -

Stock, S., Nicolakakis, N., Messing, K., Turcot, A., & Raiq, H. (2013). Quelle est la relation entre les troubles musculo-squelettiques (TMS) liés au travail et les facteurs psychosociaux?. Survol de diverses conceptions des facteurs psychosociaux du travail et proposition d'un nouveau modèle de la genèse des TMS. Perspectives interdisciplinaires sur le travail et la santé, 15(2), 2-20

Dufour O - Justice : Et l'avocat s'est courbé - Actu Juridique.fr Lextenso - 11 septembre 2020

Website Agence Publique pour l'immobilier de la justice

LES DOCUMENTS UNIQUES D'ÉVALUATION DES RISQUES PROFESSIONNELS

La prévention des risques professionnels au sein des cabinets d'avocats est un enjeu prioritaire d'autant plus en ces temps de pandémie de Covid-19.

En France, tout avocat employeur a une obligation de résultat en matière de sécurité concernant ses avocats salariés et autre personnel stagiaire et salarié.

Rappelons la Convention collective nationale du personnel des cabinets d'avocats du 20 février 1979 étendue par arrêté du 13 novembre 1979 (IDCC 1000) avec l'avenant 122 du 19 octobre 2018, confirmant l'accord du 7 juillet 2017, relatif à la définition de l'ordre public conventionnel.

Signalons surtout l'Accord du 19 octobre 2018 relatif à la prévention et à la gestion des risques psychosociaux étendu par arrêté du 5 février 2020.

Le document unique d'évaluation des risques professionnels est obligatoire depuis un décret du 5 novembre 2001 dans toutes les entreprises, incluant les cabinets d'avocats s'il existe au moins un salarié ou un stagiaire, quelque soit son activité.

Les risques professionnels englobent les risques psychosociaux. Encore faut-il les identifier.

Le document peut être un rapport sur support papier ou un ficher PDF. La forme n'est pas prescrite par la loi mais unicité, actualisation, cohérence, commodité et traçabilité sont obligatoires.

Le DUERP doit cependant être sous une forme facilement consultable.

En centralisant les analyses et les résultats de l'évaluation des risques sur un seul document, l'accessibilité des risques et mesures préventives est facilitée, tout comme le contrôle et le suivi.

Compte tenu de la Covid-19, risque nouveau et majeur qui se chronicise, il est nécessaire de mettre à jour le DUERP en vigueur dans le cabinet d'avocat.

Il faut identifier les situations de travail pour lesquelles, un risque de transmission du virus peut exister, afin de prévoir les mesures de prévention et de protection indispensables pour éviter la propagation du coronavirus au sein du cabinet et la contamination des collaborateurs, du personnel et des stagiaires.

Les risques peuvent également être liés à la nouvelle organisation du travail au sein du cabinet, notamment au télétravail.

Il convient de veiller à la santé physique mais aussi mentale de toute l'équipe en faisant attention à l'ergonomie des postes de travail, à l'exposition à la lumière, aux moyens digitaux omniprésents.

Le DUERP doit permettre d'identifier et de classer par niveau de gravité les risques auxquels sont exposés les salariés, ceci en vue de mettre en place des actions de prévention.

Nous devons donc y trouver, par type de poste de travail, secrétaire d'avocat, assistante juridique, collaborateur salarié, étudiant en contrat d'apprentissage, stagiaire etc, l'identification des dangers, notamment les causes susceptibles de provoquer un dommage au salarié.

Lorsque l'activité salariée est maintenue dans le cadre habituel, les mesures de distanciation au travail, soit un mètre ou plus entre les salariés au besoin à l'aide d'un marquage au sol, les informations sur les gestes barrières (notamment les affiches du ministère de la santé), les procédures à suivre, en cas d'apparition des premiers signes de maladie, sont nécessaires.

Les outils du legal design peuvent être très utiles.

Lorsque le télétravail a été mis en place, les bonnes pratiques ergonomiques du poste de travail, et de déconnexion pour préserver le temps de repos, les modalités mises en pratique par l'entreprise pour les réunions, afin d'éviter l'isolement, les interlocuteurs susceptibles d'aider en cas de difficultés, les procédures à suivre en cas d'apparition des premiers signes de maladie alors que la personne travaille à distance, sont aussi nécessaires.

Au même titre que le registre unique du personnel, le DUERP doit être tenu à disposition des représentants du personnel, ou, à défaut, des salariés soumis à un risque, de l'inspection du Travail, de la médecine du travail, des organismes de sécurité sociale.

L'inspection du travail ou les services de la médecine du travail, peut infliger une amende en cas d'absence ou d'insuffisance du document.

Existe-t-il des contrôles des ordres professionnels d'avocats concernant les DUERP ?

En sachant que les collaborateurs ne sont ni stagiaires ni salariés et beaucoup plus nombreux que les autres ?

Est-ce à dire que la population très majoritaire de non salariés dans les cabinets d'avocats, ne bénéficie légalement d'aucune protection spécifique puisque n'entrant pas dans le cadre du DUERP ?

En fait, l'esprit du DUERP doit être respecté, quelles que soient la taille du cabinet et la nature de ses effectifs, la prévention des RPS concernant tout avocat et son personnel, quelque soit son statut. Il est de l'intérêt de tous de le faire.

Revenons toutefois sur la manière dont la profession d'avocat, en France, a proposé un protocole spécifique concernant la Covid-19.

Quel est le protocole sanitaire au sein des cabinets d'avocats français, par exemple, quant au port du masque, du télétravail, de la prévention, de l'information ?

En précisant que tout protocole est évolutif en fonction de la pandémie, quelques principes ont été publiés par les représentants de la profession d'avocat en France.

Citons quelques principes.

Le port du masque grand public est systématisé dans les espaces clos et partagés au sein des cabinets d'avocats (salles de réunion, open-space, couloirs, vestiaires, bureaux partagés, etc.).

Dans les bureaux individuels, le port du masque ne s'impose pas dès lors qu'il n'y a qu'une seule personne présente.

Des aménagements sont possibles selon le niveau de circulation du virus dans le département, l'existence d'une organisation interne pour la prévention et le suivi de la COVID 19, la taille, la nature, le volume, et les conditions de ventilation des locaux de travail ainsi que la distance effective entre les personnes, la nature des tâches à accomplir, leur compatibilité avec le port permanent du masque et le déploiement de visières. La combinaison de ces paramètres fait l'objet d'une présentation synthétique dans l'annexe 4 du protocole.

L'employeur a l'obligation de prendre en charge la fourniture des moyens de protection adaptés aux risques conformément à l'article 4122-2 du code du travail.

Cette règle s'applique, dans le cadre de l'épidémie de la Covid-19 à la prise en charge du masque.

Les pouvoirs publics recommandent, depuis juillet dernier, aux entreprises de prévoir un stock préventif de masques de 10 semaines.

Ce stock peut être constitué de masques textiles à filtration garantie, de masques jetables. Ces masques grand public, de préférence réutilisables, couvrant le nez, la bouche et le menton, doivent avoir satisfait aux tests garantissant les performances. Ils sont reconnaissables au logo le spécifiant qui doit figurer sur leur emballage ou sur leur notice.

Dès lors que le masque constitue un moyen de protection de la santé des travailleurs, l'obligation et les circonstances dans lesquelles les travailleurs sont tenus de le porter doivent figurer dans le règlement intérieur de l'entreprise lorsqu'il existe ou dans une note de service comme rappelé ci-dessus

Ainsi, à condition que l'obligation du port du masque soit inscrite au règlement intérieur ou dans une note de service, sa méconnaissance est de nature à justifier à l'encontre des salariés une sanction disciplinaire, qui doit être proportionnée à la faute ainsi commise.

Il est recommandé de rappeler cette obligation de port du masque à toutes les personnes travaillant dans les locaux professionnels, associés comme collaborateurs indépendants.

L'employeur informe ses salariés des règles en vigueur en matière de port du masque. Il le fait par note de service. Pour les entreprises qui en dispose, cette note vaut adjonction au règlement intérieur, après communication simultanée au secrétaire du CSE et à l'Inspection du Travail selon l'article 1321-5 du code du travail..

Les mesures inscrites dans le règlement intérieur doivent consister en une obligation, une interdiction ou une limitation de faire dont le non-respect expose à des sanctions.

La seule mention dans le règlement intérieur ou la note de service selon laquelle « chaque salarié doit également par son comportement, préserver la sécurité des autres » qui se borne à formuler une recommandation générale invitant les salariés à la vigilance ne présente pas le caractère d'une mesure d'application de la règlementation en matière d'hygiène et sécurité, ni d'une règle générale et permanente relative à la discipline, relevant du règlement intérieur et passible de sanction (CE,11 juillet 1990, n° 85416 ; CE,21 octobre 1990, n° 105247 ; CE, 9 décembre 1994, n° 118107).

L'employeur doit procéder, en liaison avec le service de santé au travail et en associant les représentants du personnel à l'évaluation des risques affectant ses salariés pour, le cas échéant, adapter les moyens de prévention et de protection applicables dans l'entreprise.

S'agissant des travailleurs indépendants, associés, collaborateurs indépendants, il est important de faire respecter l'obligation de port du masque dans les locaux professionnels.

Il appartient donc à l'employeur de fixer de façon suffisamment précise, dans sa note de service, l'obligation de port du masque et les conditions dans lesquelles elle est appliquée, selon les recommandations du protocole national. Cette note viendra compléter le règlement intérieur s'il existe et en l'absence de règlement intérieur, elle aura une portée juridique propre, en vertu du pouvoir de direction de l'employeur.

La désignation d'un référent Covid-19 est désormais obligatoire dans toutes les entreprises. Son identité et ses missions doivent être communiquées à l'ensemble du personnel du cabinet.

Tout type de collaborateur peut remplir cette fonction. Dans les entreprises de petite taille, il peut être le dirigeant, précise le ministère du Travail.

Il doit veiller au respect des gestes barrières au travail et des protocoles sanitaires mis en place au sein de la société (organiser un sens de circulation dans l'entreprise, former les salariés aux règles d'hygiène...)

il est l'interlocuteur privilégié des salariés et de toute personne travaillant dans les locaux sur les thématiques sanitaires, en coopération le cas échéant avec les ressources humaines, les membres du CSE, le service de santé au travail.

La mise en place du télétravail est-elle obligatoire au sein du cabinet ?

Compte tenu de la situation actuelle avec une circulation du virus qui continue, la mise en œuvre du télétravail pour les salariés peut être considérée comme un aménagement du poste de travail rendu nécessaire, pour permettre la continuité de l'activité de l'entreprise et garantir la protection des salariés.

La mise en œuvre du télétravail dans ce cadre ne nécessite aucun formalisme particulier.

Le protocole national rappelle que le télétravail demeure un mode d'organisation recommandé en ce qu'il participe à la démarche de prévention du risque d'infection au SARS-CoV-2 et permet de limiter l'affluence dans les transports en commun.

Toutefois, si le poste est éligible au télétravail, l'employeur doit motiver son refus.

Si l'employeur est devant une situation de vulnérabilité attestée médicalement, il aura l'obligation de mettre en place du télétravail si le poste du salarié est éligible au télétravail.

Il convient là encore de s'inspirer de ces règles pour les travailleurs indépendants.

Que doit faire le cabinet si un salarié/avocat libéral ou salarié/stagiaire est asymtomatique mais considéré comme étant "cas contact" ?

Selon les recommandations du gouvernement, les personnes considérées comme cas-contacts doivent prendre attache avec leur employeur pour envisager la mise en place du télétravail.

En l'absence de possibilité de télétravail, elles prennent contact avec leur médecin traitant qui pourra prescrire un arrêt de travail s'il l'estime nécessaire.

Si un salarié-avocat, libéral, ou salarié-stagiaire est dépisté positif, à la Covid-19, l'employeur doit renvoyer le personnel contaminé à son domicile et lui demander d'appeler son médecin traitant.

Il est recommandé d'agir de la même manière avec les associés et les collaborateurs indépendants

Il faut également informer les autres membres du cabinet d'un cas possible d'infection afin qu'ils soient vigilants à l'apparition d'éventuels symptômes et qu'ils restent à leur domicile le cas échéant. Il n'y a pas lieu de faire un suivi particulier des cas contacts".

Toutes les dispositions rappelées ci-dessus dépendent aussi largement du fonctionnement des tribunaux. Vont-ils continuer à fonctionner ? Fera-t-on de la téléjustice en cas de deuxième ou de troisième vague ? Les protocoles seront-ils modifiés ? Il y a fort à parier que la Covid-19 accentue les risques psychosociaux déjà connus et subis.

SOURCES

Convention collective nationale du personnel des cabinets d'avocats du 20 février 1979 étendue par arrêté du 13 novembre 1979 (IDCC 1000) avec l'avenant 122 du 19 octobre 2018 confirmant l'accord du 7 juillet 2017 relatif à la définition de l'ordre public conventionnel.

Accord du 19 octobre 2018 relatif à la prévention et à la gestion des risques psychosociaux étendu par arrêté du 5 février 2020 - JORF 12 février 2020

Protocoles sanitaires publiés par le ministère français de la santé

Chhum Frédéric - Simoné Marion - Document unique d'évaluation des risques : comment le mettre à jour en période de Covid-19 ? Village de la Justice - 22 juin 2020

COMMENT DOIT ETRE LE BUREAU DE L'AVOCAT ?

Polyvalences et transversalités sont nécessaires pour réussir. Les débats s'enflamment d'ailleurs facilement sur ce thème.

Pour bien travailler et préserver sa santé, on oublie trop souvent la nécessité de disposer d'un bon matériel et surtout d'un lieu adapté.

Toutefois, il y a peu d'articles sur la consistance du bureau de l'avocat, pourtant vecteur essentiel du bien-être physique et mental, indissociable.

La Covid-19 imposant une autre forme de travail, celle de travailler à distance, de son domicile ou d'un autre lieu, la réflexion sur le bureau de l'avocat s'amplifie.

Et là, l'audace ne manque pas.

Le flexible desk, le bureau non attitré au sein de grands cabinets, à réserver, avec un casier privé, l'open space ou le coworking public, privé, en plus des cabinets partagés. Sans oublier la clean desk policy adaptée à chaque lieu.

Mais lutter contre la Covid-19 et s'y adapter n'éludent pas les enjeux de l'existence d'un vrai bureau digne de ce nom, souvent dans la pratique de la plupart des praticiens, un deuxième domicile, un territoire, avec des objets privés, une appropriation psychologique.

Les bureaux personnels sont d'ailleurs très hétérogènes. Ils peuvent être accueillants mais aussi susciter bien d'autres sentiments.

La taille qui détermine souvent le style est variable. Il existe des grandes catégories.

Il y a le bureau cockpit, le bureau placard, le bureau aquarium, le bureau bibliothèque, le bureau nu, le bureau cheminée, le bureau chambre, le bureau musée, le bureau salon, le bureau bibliothèque, le bureau présidentiel, le bureau greffe, le bureau « d'orthophoniste » avec les dessins d'enfants au mur…

L'aménagement d'un bureau personnel en dit long sur la personnalité de l'avocat.

Les bureaux sont très hétérogènes aussi par leur éclairage. La luminosité naturelle est un facteur décisif sur la préservation de la santé. Les rideaux sont notamment un accessoire important.

Les sols sont divers, tapis, moquettes, carrelage, avec un degré d'usure ou d'entretien varié.

L'ergonomie des postes de travail, la position des ordinateurs, le matériel, semblent en France relever du plus pur pragmatisme. La prévention des troubles musculo-squelettiques est ainsi rendue plus aléatoire.

Pourtant, tant pour l'avocat, que pour le client, le bureau est un sanctuaire, le lieu d'échange de secrets.

Plusieurs fauteuils de dimension différente s'imposent pour accueillir et mettre à l'aise les clients d'âge et de stature différents. Mais la standardisation est beaucoup plus la règle.

Bien sûr, la salle d'attente doit être conviviale, d'autant plus si le professionnel a l'habitude d'être en retard. Certains laissent des magazines (très) anciens à disposition des clients, d'autres mettront des livres d'art, achèteront chaque semaine des revues sortant un peu de l'ordinaire.

L'ambiance d'ensemble est importante. Elle repose sur une foule de détails.

Un bureau facile à nettoyer et à aérer, surtout en pleine pandémie, dans une rue calme, dans un immeuble bien géré est plus attractif. Travailler dans des locaux propres et silencieux est toujours plus agréable.

Alors qu'en est-il du cabinet virtuel avec un avocat virevoltant, nomade ? Certains prônent des cabinets qui seraient hébergés par les ordres des avocats. En fait, ces modalités d'installation correspondent à certaines phases. Pépinières et coworking permettent ainsi un décollage pour certains débutants. Mais l'atterrissage doit être si possible programmé.

Le cabinet personnel est un quartier général, une base, permettant de trouver la tranquillité et de préserver une indépendance fonctionnelle, inhérente à la plénitude du métier d'avocat.

Avoir un cabinet, louer un bureau, bien adapté, bien équipé, n'empêchent aucunement de diversifier les lieux de travail, de réflexion, d'échanges professionnels. Rien n'empêche de rejoindre des confrères dans des espaces collectifs, variés, ponctuellement, fréquemment.

Disposer de locaux permet d'accueillir des stagiaires, de sous-louer un bureau, d'organiser des rendez-vous avec d'autres professionnels, de se former, de former les autres.

C'est aussi une preuve indéniable de réussite professionnelle aux yeux de la clientèle.

Changer trop souvent d'adresse est un problème pour le client. Il faut une certaine stabilité.

Evidemment, nulle comparaison entre Paris, Montréal, Ottawa etc... et les petites ou grandes villes de province n'est possible. En province, l'avocat peut disposer de locaux spacieux et d'un parking à la disposition des clients. Probablement est-il plus facile aussi de disposer de locaux, avec cuisine et une salle de bains, permettant la pratique du sport à certains moments de la journée.

En pleine crise de la Covid-19, nombre de grands cabinets comme Slater and Gordon à Londres, demandent aux avocats de travailler à domicile, invoquant la sécurité sanitaire. Le travail à distance des avocats a toujours été répandu, un certain nomadisme étant de mise. Toutefois, beaucoup sentent perler derrière l'encouragement ou la décision de travailler à distance, le souhait de diminuer les coûts fixes représentés par les bureaux.

La Covid-19 pourrait susciter un certain retour en grâce des cost-killers sur les charges fixes gigantesques représentées par les bureaux des grands cabinets d'avocats.

Domaine à surveiller, le lieu d'exercice autre que le tribunal est primordial et ne saurait se gadgétiser ou dépendre exclusivement d'une politique de diminution de coût. Délocaliser le travail et l'installer à son domicile répondent à certains critères afin d'éviter les abus.

Mais il y a fort à parier que flexibilité, délocalisation et télétravail sont les thèmes majeurs de demain, la Covid-19 étant bien présente et menaçante.

SOURCES

Le coworking : une solution pour l'avocat du futur, de Stanislas Van Wassenhove, avec la collaboration d'Olivier Haenevour et d'Adrien Van Den Branden chez Anthemis

Village de la Justice – les avantages et possibilités du coworking pour l'avocat – 4 aout 2020

Albert Christophe - Village de la justice - les tendances de l'immobilier des avocats à Paris (avant et après le confinement) - 30 juillet 2020 -

Working from home : a wellness action plan. WAPHow to support your mental health when working from homeHertfordshire junior lawyers division aout 2020

International Labour Organization – Ergonomic check points : practical and easy-to-implement solutions for improving safety, health and working conditions – 1 juillet 2010

Colliers International - les cabinets d'avocats - 2020 - Etude sectorielle - 24 pages

Hertfordshire junior lawyers division - working from home - a wellness action plan WAP - How to support your mental health when working frorm home - août 2020

Guide sur la conciliation travail-vie personnelle - 26 questions pour évaluer vos connaissances sur les programmes et outils de conciliation travail-vie personnelle questions - Barreau du Québec

Déclaration de principe conciliation-travail-famille du 31 mars 2020 - Annexe

Répertoire des pratiques de conciliation travail-vie personnelle. Annexe 2

Tremblay Diane-Gabrielle et Mascova Elena « Les avocates, les avocats et la conciliation travail-famille », Les éditions du remue-ménage, 2013, 175 p

Guide d'élaboration d'une politique sur les horaires de travail flexibles dans les cabinets d'avocats. Guide qui comprend un modèle de proposition d'horaires flexible à présenter à l'employeur et un modèle de calcul de la rentabilité d'un horaire réduit.

Barreau de Montréal – Guide sur le mentorat publié par le service de la formation continue du barreau du Québec
Dibie Pascal – Ethnologie du bureau – Métailié – Août 2020
Tison Florence – On boarding, des nouveaux avocats à distance, ce qu'on a appris de la pandémie – Droit-INC -

LES DEPLACEMENTS DE L'AVOCAT

Beaucoup de choses pourraient être expliquées concernant le thème des RPS liés aux déplacements de l'avocat. Choisissons celui du déplacement avec le client.

Certains avocats voyagent beaucoup, voiture, train, avion.

Lorsque l'avocat se déplace pour assister et plaider pour son client, ce dernier se déplace aussi la plupart du temps. Dans certains cas, la distance nécessite une organisation et implique un temps de transport important.

Certaines audiences où la procédure et la personnalité du client sont déterminantes, exigent la présence du client.

Bien sûr, chaque professionnel fait ce qu'il entend. Mais beaucoup suggèrent de ne pas voyager avec le client. De ne pas l'emmener en voiture, notamment.

Le temps de transport court ou long, en voiture, en train, en avion, est un temps personnel. Il sert à prendre du recul. A s'organiser mentalement. Ce temps de transport doit être profitable et bénéfique pour le praticien.

Beaucoup ignorent qu'un avocat ayant son cabinet à distance du tribunal, utilise ces laps de temps de transport en voiture, assez longs, notamment en province, pour écouter de la musique, France Culture, des émissions diverses.

Ces laps de temps sont des réservoirs de ressourcement.

Ce sont des temps de réappropriation.

S'organiser pour mieux se préserver, tel est le précepte.

Arriver dans une ville lointaine la veille de l'audience pour une plaidoirie fixée le lendemain, permet d'écarter le stress intrinsèque aux aléas d'un déplacement, grèves, embouteillages, panne de voiture.

Si l'audience dure plusieurs jours, comme lors d'une cour d'assises, la qualité de l'hébergement est primordiale.

Se soucier des conditions de transport de son client et s'assurer que tout va bien font partie intégrante de la mission d'accompagnement de l'avocat. L'objectif est de ne pas récupérer un client affaibli, déstabilisé, ou détruit par le stress. Car ce stress rejaillit directement sur l'avocat et sur le déroulement de l'audience.

Aider et conseiller le client à préparer son séjour ne doivent pas forcément impliquer un transport commun, sauf exception.

Le client peut toujours se faire accompagner par ses proches. Là encore, beaucoup de configurations et d'options existent. Il serait intéressant de sonder les praticiens sur leurs expériences.

L'ANNONCE AU CLIENT D'UN ECHEC

Existe-t-il une manière d'annoncer au client un échec ?

L'avocat peut hésiter. Par téléphone, par courrier, par email, par texto, les modalités diffèrent suivant les situations, la personnalité du client, le dossier.

L'annonce de l'échec est le préalable à un entretien avec le client, étape permettant d'éclairer, d'expliquer et d'informer.

Ce passage obligé sera complexe si l'avocat ne sait pas se préparer.

Il faut savoir informer sans donner l'image d'un avocat défaitiste ou dépassé. Le client peut être bouleversé, dévasté, totalement perdu. Un échec n'est pas légitime pour le client, réfractaire au droit et à la procédure. Le client raisonne principalement en équité.

A l'avocat de rebâtir une confiance avec le client et de le soutenir. Après avoir échoué à convaincre le tribunal, l'avocat s'emploie à convaincre le client que tout a été fait pour préserver ses chances. Cette phase exige souvent énormément d'énergie et de patience.

Il faut s'adapter au client et à ses capacités d'analyse, en évitant le jargon mais en n'esquivant pas les difficultés réelles.

Le débriefing avant et après l'audience est utile.

Il faut souvent mettre l'accent sur la précarité d'une décision de justice et sa durée de vie "courte", notamment dans le domaine de la justice familiale, compte tenu de l'évolution de la vie personnelle.

Il ne faut pas hésiter avec des mots choisis à faire un screening de l'adversaire mais sans le dénigrer. Le dénigrement de l'adversaire peut être mal perçu par le client. Faire un état des lieux des forces en présence ne signifie pas dénigrer.

Une impression positive au cours d'une audience, ne signifie pas forcément avoir emporté la conviction du juge.

La prédictibilité des décisions de justice reste aléatoire dans nombre de contentieux. Certaines caractéristiques subjectives, comme l'âge, l'état de santé mais aussi les rapports d'enquêtes sociales, psychologiques, les rapports d'experts, les constats d'huissier apportent des éléments dont l'impact est difficile à évaluer.

L'inflation législative et règlementaire génère aussi une certaine insécurité.

Les Modes Alternatifs de Résolution des Conflits, les MARC, sont probablement une des voies du futur. Ce type de règlement des litiges pourrait contribuer à mieux contrôler le stress à la fois de l'avocat et du justiciable. Piloter la procédure reste une parade essentielle pour éviter les RPS.

Beaucoup d'éléments restent à expliquer sur ce thème de l'échec de l'avocat. L'objectif est de se relever sans s'affaiblir, poursuivre son travail, sans sombrer dans une culpabilité ouvrant la porte à nombre de RPS.

QU'EST-CE QUE LE COPING ?

Susan Folkman définit le coping comme l'ensemble des efforts cognitifs et comportementaux du professionnel pour réduire, minimiser ou tolérer les exigences internes et externes de la transaction Personnes / Environnement.

Cette transaction est évaluée comme éreintante ou dépassant les ressources de la personne.

La question est notamment de savoir comment l'avocat peut modifier son environnement professionnel. Le choisit-il ou le subit-il ?

Dans quelle mesure a-t-il une influence sur son environnement professionnel ?

Le coping actif implique une stratégie centrée sur le problème. Ce sont tous les efforts, l'énergie déployée, l'acquisition de nouvelles compétences pour modifier la situation et l'adapter aux nouveaux comportements.

Dans le coping pro-actif, la stratégie est de savoir ce qui peut être fait en amont de l'apparition du stress ou des facteurs le déclenchant.

A la différence du coping réactif qui s'amorce quand la menace et déjà présente et installée, le coping pro-actif est une anticipation des facteurs de stress potentiels et de l'action pour les prévenir.

Le coping réactif est tourné vers la gestion des risques. Les exigences, les opportunités à venir, ne sont pas vécues comme des menaces mais comme des défis et des challenges à affronter.

Esther Greenglass a étudié l'influence du coping pro-actif sur le burn out. Les individus peuvent se baser sur leurs propres ressources (capacités d'organiser et de planifier leurs stratégies de coping) pour faire face à la charge de travail. La perception d'équité au travail sera plus grande et le burn out sera moindre.

Le coping d'évitement est un coping palliatif. C'est une stratégie centrée sur les émotions. C'est une mise à distance, un évitement et toutes les tentatives pour réguler ses réactions émotionnelles et se sentir mieux mais sans résoudre le problème.

Susan Folkman et Richard Lazarus ont mis au point une échelle pour mesurer le coping, la WCC ou « Ways of Coping Checklist ».

Toutes ces théories sont passionnantes. Le défi est de les appliquer au sein de chaque milieu professionnel dont celui des avocats.

SOURCES

Folkman, S., Lazarus, R. S. (1984). Stress, appraisal, and coping. New York: Springer Publishing Company

QUELS RPS SI L'AVOCAT TRAVAILLE LE WEEK-END ?

Débat et polémique fertiles d'idées, d'arguments chez les avocats sur le principe de travailler le week-end qui a ses partisans et ses détracteurs !

Reste à déterminer la raison et la fréquence de ce type de fonctionnement.

Là encore, il appartient à chacun de s'organiser. Ce qui va suivre est conforme à l'esprit de ce guide, ouvrir des portes en n'imposant aucun modèle de fonctionnement, seulement donner des idées.

Evidemment, quand le travail n'est pas imposé et par conséquent, non subi au mauvais sens du terme, le tableau ne s'annonce pas si négatif que cela.
A condition que l'avocat ne soit pas dans un état de santé physique et psychologique, nécessitant de garder chaque minute de temps libre pour se reconstituer.

On imagine bien le jeune praticien créateur ou non de cabinet occuper tout son temps dit libre, traduisons, hors temps ouvrable, et par conséquent savourer le week-end comme une période de travail. Là encore, la personnalité et le choix de chaque avocat façonnent le style de l'activité.

En fait, un des points essentiels est le choix du lieu. Le week-end, certes, donc samedi ou (et) dimanche. Mais au cabinet ou à la maison ? On tend à mieux connaître les avantages et les avatars du télétravail dû à la Covid-19 pendant la semaine.

Travailler à la maison le week-end est possible si un lieu au sein de l'habitation est dédié à cette activité.

Silence, tranquillité, pas de va-et-vient, propreté, confort, lumière, température, musique classique de fond. Le bureau au domicile n'échappe aucunement aux règles impératives visant à préserver le professionnel des risques psychosociaux les plus élémentaires.

Chacun a sa méthode.

Certains choisissent de délimiter un espace "Territoire Temps" qui pourrait s'apparenter à un sanctuaire, en adoptant une certaine invisibilité pendant trois heures, quatre heures, moins, plus, tout dépend.

Globalement, le week-end peut être une aubaine pour rattraper un temps perdu pendant la semaine, mais aussi avancer, vérifier, approfondir, lire, se former. Travailler en prenant du recul est souvent l'objectif. L'absence d'interruption, la continuité, la concentration conditionnent la réussite de ce mode de travail.

Le téléphone ne sonne pas. Il n'y a pas de rendez-vous. Les audiences n'ont pas lieu. En toile de fond, l'objectif est d'augmenter l'efficacité et traitre mot, la productivité.
Travailler dans des conditions moins oppressantes aboutit à mieux et à plus travailler en s'épuisant moins. Spécialiser le temps au lieu de le dissoudre au sein de multiples activités permet de gagner du temps.

Une fois le travail effectué, l'avocat est en mesure d'assurer un temps exclusif à ses proches, un temps riche et de qualité. Mais il peut faire aussi des pauses en famille pendant son travail.

Mais attention, la surcharge ponctuelle ou chronique de travail répond à d'autres solutions que le travail le week-end. Travailler le week-end correspond à une parade ponctuelle. Le programme doit être défini, précis, déterminé, évalué, circonscrit, impératif et non être diffus, sans périmètre. Travailler le week-end n'est pas une stratégie à long terme, compensatrice d'une surcharge chronique de travail dont l'étiologie peut être une activité croissante mais aussi, en réalité, une désorganisation personnelle, annonciatrice des RPS les plus dévastateurs.

La compatibilité des temps de vie personnelle et professionnelle repose sur un ajustement permanent. Les phases doivent s'emboiter naturellement, s'adapter en temps réel, et susciter des discussions pour l'organisation avec les proches.

Toute hypertrophie, tout déséquilibre, génèrent son faisceau d'effets nocifs et fragilisent à bas bruit et à distance le professionnel. Une solution est de tester, expérimenter des plages horaires au sein du week-end, qui n'appartiennent pas au temps commun, comprenez pour les besoins de la famille, ou par consensus après discussion, différer celui-ci de quelques heures.

Il faut se montrer opportuniste et pragmatique.

Une mâtinée de travail intensif est préférable à un travail saupoudré et discontinu pendant le week-end. La concentration du temps va avec la concentration mentale. L'espace temps est captif, l'attente des proches n'est pas anxiogène au sens où chacun s'organise. L'avocat n'est pas miné par la culpabilité si les préceptes plus hauts sont quelque peu suivis.

Le week-end n'est pas un palliatif mais doit être considéré comme une arme d'appoint.

Le postulat est que le métier d'avocat est un métier d'urgences. Un client peut en cacher un autre. L'engrenage peut très vite submerger le praticien. C'est un travail séquentiel par opposition au travail diffus.

Que proposent les organisations d'avocats ?

La Hertfordshire junior lawyers division propose un wellness action plan (WAP) pour le travail à domicile.

Le Barreau du Québec propose aussi un guide sur la conciliation entre la vie personnelle et professionnelle ainsi qu'un guide d'élaboration d'une politique sur les horaires de travail flexibles dans les cabinets d'avocats.

Ce guide comprend un modèle de proposition d'horaires flexible à présenter à l'employeur et un modèle de calcul de la rentabilité d'un horaire réduit.

Ce guide, appartenant au projet Justicia visant à aider les femmes dans le métier d'avocat, de 41 pages, n'est pas nouveau, car il date de 2014.

Justicia est une initiative développée en 2008 par le Barreau du Haut-Canada (Ontario). Il a été élaboré sur le modèle du document Guide to Assist Law Firms and Lawyers in Developing Successful Flexible Work Arragnements produit par Justicia Ontario.

Il a toutefois été adapté pour tenir compte du cadre juridique applicable et des pratiques recensées dans les cabinets au Québec.

Réalisé par le Groupe de travail sur les horaires flexibles, le guide a été adopté par le Conseil général du Barreau du Québec lors de sa séance tenue le 20 juin 2014.

Ce guide revêt un intérêt encore plus important, la flexibilité devant s'ajuster avec une délocalisation du travail à domicile.

Une Déclaration de principe conciliation travail-famille du 31 mars 2020 a été signée par le juge en chef du Québec, Michel Robert, Kathleen Weil, ministre de la justice du Québec, François Rolland, juge en chef de la Cour supérieure du Québec, Elisabeth Corte, juge en chef de la Cour du Québec, Pierre

Chagnon, Bâtonnier du Québec, Gilles Ouimet, vice-président du Barreau du Québec.

Il est utile de la reproduire.

"Considérant que la famille est une des assises de notre société, que la composition de la cellule québécoise poursuit sa mutation, que les principales tendances du marché du travail démontrent que le travail des deux conjoints tend à devenir la norme, que l'individu doit également être considéré selon son role de mère, père, fille, fils.

En conséquence, la nécessité d'établir des mesures propres à faciliter la conciliation des responsabilités professionnelles et familiales, la multiplicité des intervenants dans le système judiciaire québécois et la nécessaire implication de chacun d'eux.
Afin de favoriser l'implication des avocates et des avocats vis-à-vis leur profession et le système de justice dans son ensemble. Afin de sensibiliser tous les intervenants du système judiciaire à l'importance de la conciliation des responsabilités professionnelles et familiales, nous convenons de sensibiliser les avocats et les avocates à rechercher des régimes de travail souples adaptés à leurs responsabilités familiales facilitant ainsi la conciliation des responsabilités professionnelles et familiales.

Tenir compte dans l'administration de la justice des préoccupations des personnes ayant à concilier leurs responsabilités professionnelles et familiales et privilégier la recherche de solutions qui prennent en considération les responsabilités familiales des avocates et des avocats".

Sans nul doute, la réflexion sur la souplesse des régimes de travail redoublera en ces temps de Covid-19.

SOURCES

Guide sur la conciliation travail-vie personnelle - 26 questions pour évaluer vos connaissances sur les programmes et outils de conciliation travail-vie personnelle questions - Barreau du Québec

Déclaration de principe conciliation-travail-famille du 31 mars 2020 - Annexe

Répertoire des pratiques de conciliation travail-vie personnelle. Annexe 2

Tremblay Diane-Gabrielle et Mascova Elena « Les avocates, les avocats et la conciliation travail-famille », Les éditions du remue-ménage, 2013, 175 p

Guide d'élaboration d'une politique sur les horaires de travail flexibles dans les cabinets d'avocats. Guide qui comprend un modèle de proposition d'horaires flexible à présenter à l'employeur et un modèle de calcul de la rentabilité d'un horaire réduit.

Barreau de Montréal – Guide sur le mentorat publié par le service de la formation continue du Barreau du Québec –

Hertfordshire junior lawyers division - working from home - a wellness action plan WAP - How to support your mental health when working form home

LE PASSAGE DES EXAMENS D'AVOCAT EN LIGNE

Les élèves avocats de l'école du Barreau du Québec ont vécu des moments d'angoisse lors de leur examen du 26 mai 2020.

La Covid-19 bouleversant les conditions de vie, une épreuve de 5 heures était virtuelle pour la première fois.

Les gestes-barrières et les règles de distanciation physique s'imposant, nul autre choix d'organisation ! Il faut s'y soumettre !

Chaque étudiant signe alors une déclaration d'intégrité avant de participer à l'épreuve.

Une plate-forme Cognitis assure le soutien technique.

On se doute que l'examen de sortie de l'école du Barreau est anxiogène sans Covid-19. Mais avec ce dernier, le stress est décuplé.

Une fois l'examen passé, beaucoup d'étudiants dénoncent de graves dysfonctionnements informatiques, allant jusqu'à l'absence d'enregistrement de certaines de leurs réponses !

Le cabinet de service-conseil KPMG mandaté par la direction de l'école du Barreau, conclut pourtant à l'absence de problème.

L'attribution de points supplémentaires a été décidée, visant à rassurer les candidats.

Le site Droit-INC, les journaux Le Devoir, le Journal de Québec, facebook, ont relayé les inquiétudes des étudiants.

L'expert Simon Lavallée estime, dans son analyse, que les étudiants ont été victimes d'un problème de concurrence informatique, à savoir, une trop grande connexion au même moment.

Ce surcroît de connexion entraverait l'envoi des réponses. L'ordinateur ignorerait les réponses entrées quelques millisecondes après l'atteinte de son quota de réponses par seconde. L'ordinateur est alors saturé !

Reste à connaître les résultats de l'examen et des recours tentés par certains étudiants. Le mauvais choix technique de la plateforme pourrait engager certaines responsabilités et entraîner l'annulation des épreuves.

Il va sans dire que l'anxiété des étudiants est très importante. Dans ce cas, la réponse et l'engagement des autorités gérant les examens à régler les difficultés, sont décisives pour ne pas détruire une confiance nécessaire.

Dans une telle situation de crise, la transparence via un diagnostic technique, certain, s'impose.

La question fondamentale est "pouvait-on éviter un tel fiasco ?"

Mais les élèves-avocats du Québec n'ont pas été les seuls à souffrir des dégâts collatéraux de la Covid-19 !

Des difficultés du même type sont signalées aux Etats-Unis, notamment dans le Michigan, le Nevada et l'Indiana. L'article de Florence Tison, publié sur le site Droit-INC le 13 octobre 2020, décrit des étudiants dans des situations très délicates, voire catastrophiques, un étudiant qui urine sur sa chaise, une étudiante enceinte qui perd les eaux, par exemple.

En France, reste à savoir comment les dispositions de l'arrêté du 10 juin 2020 sont appliquées, cet arrêté prévoyant la possibilité d'organiser les épreuves du CAPA par visioconférence. Le texte dit que les candidats ne disposant pas des moyens matériels permettant le passage des épreuves à distance peuvent avoir accès à un local du centre de formation mettant à leur disposition le matériel informatique nécessaire et une assistance technique.

L'article 7 dit notamment que les adaptations apportées en application du présent arrêté sont portées à la connaissance ds candidats, par tout moyen dans un délai, qui ne peut être inférieur à deux semaines avant le début des épreuves.

Les candidats doivent par conséquent se conditionner et s'entraîner pour faciliter le passage de leurs examens en ligne.

Leur expliquer comment gérer les RPS dans ces moments critiques pour eux s'impose.

Une bonne préparation mentale peut-elle les réduire quand on voir certaines conditions de passage des examens ?

En priorité, les écoles d'avocats doivent s'assurer du bon fonctionnement du matériel informatique en le testant au préalable.

SOURCES

Tison Florence – Droit-INC- Examen du Barreau aux Etats-Unis : forcé d'uriner sur sa chaise – 13 octobre 2020
Tison Florence – Droit- INC – L'examen du Barreau a subi une faille informatique, estime un expert – 21 juillet 2020 –
Tison Florence – Droit-INC – Cafouillage lors de l'examen en ligne du Barreau du Québec – 5 juin 2020 –
Desjardins-Laurin Camille - "Ils ont terminé leur Barreau en pleine pandémie" - Droit-INC - 25 août 2020
Firme H2E Analyse Informatique sur l'examen du Barreau du Québec 2020 – Simon Lavallée -
Bélair-Cirino Marco – Lepage Guillaume – Cafouillage à un examen du Barreau – Le Devoir – 29 mai 2020 –
Racine Jean-François – Examen du Barreau : litige majeur pour les futurs avocats – Le Journal du Québec – 29 mai 2020 -
JORF 12 juin 2020 - Arrêté du 10 juin 2020 portant adaptation des épreuves de l'examen d'aptitude à la profession d'avocat pendant la crise sanitaire née de l'épidémie de Covid-19
Simmons Richard - Bar student fury at online exam chaos with claims some were forced to urinate in bottles - the Lawyer - 12 août 2020
Tison Florence – Droit-INC – Obligés d'uriner à leur bureau pendant un examen du Barreau (Bar Professionnel Training Centre), - 14 août 2020
Jung Delphine - L'examen de l'Ecole du Barreau reporté - Droit-INC - 30 septembre 2020

QUAND LE JUGE EST UN INCONNU

Voici quelques remarques bien loin des théories générales des risques psychosociaux, mais qui a pour but de rappeler la réalité du terrain pratiqué par l'avocat.

Au sein de ses juridictions habituelles, l'avocat est roi. Ou du moins, il est dans sa zone de confort. Il voit ses confrères, discute, connait les lieux. Il est toujours assez facile de se repérer parmi les juges en place aux fonctions variées.

Connaitre le magistrat, avoir déjà plaidé devant lui, l'avoir vu lors des mises en état, lui avoir parlé, l'avoir croisé au greffe, permettent de mieux préparer ses dossiers. Cette remarque est probablement beaucoup plus fondée dans les petits tribunaux que dans les grands. En outre, la dématérialisation et la numérisation aboutissent à une raréfaction encore plus affirmée des contacts humains.

L'avocat essaie de contrôler autant que possible le déroulement de l'audience, d'y mettre son empreinte.

Certains avocats et certains juges ne s'apprécient pas. D'autres s'estiment. Se ménagent. Certains avocats ne s'aiment pas, voire se détestent. La galaxie des rapports humains entre gens de justice est à géométrie variable. Certains ex associés dans de petits Barreaux sont amenés à s'affronter. Les querelles voire les détestations et les vendettas vont bon train.

Connaitre le juge permet de préparer le client. De le conditionner tout en respectant son libre-arbitre, sa faculté de réagir, mais en lui transmettant les codes de fonctionnement d'une audience et en lui expliquant les caractéristiques d'un dialogue potentiel avec le juge.

Le client craint souvent les questions. A la fois du magistrat mais aussi celles de la partie adverse, qui se feront à travers le juge, sauf lors de négociations de couloir, haut lieu de tension. Cette typologie géographique- le couloir - pourrait d'ailleurs faire l'objet de plus de préparation lors de la formation initiale et continue des avocats.

Cette crainte doit être apprivoisée. L'avocat fait en sorte que son client ne soit pas en difficulté, qu'il ne se contredise pas, qu'il ne soit pas confus.

L'avocat prépare dans la mesure du possible son client.

Mais il ne faut jamais oublier que ce dernier n'est ni un acteur, ni un comédien. L'implication personnelle du client génère un impact émotif gigantesque. L'avocat ne peut faire un story telling. Une audience peut toujours prendre une tournure non prévue. Il y a l'aspect procédural mais aussi un aspect irrationnel. Il y a nécessairement une certaine part d'improvisation.

La personnalité des protagonistes, des adversaires, du juge, des avocats, génère des réactions imprévues, voire imprévisibles et ce, même devant un magistrat connu et habituellement pratiqué.

Que se passe-t-il alors lorsque l'avocat doit plaider devant un magistrat qu'il n'a jamais vu ?

Ou presque jamais ?

N'oublions pas la découverte physique et humaine de l'autre avocat, l'adversaire. C'est une situation potentiellement anxiogène. On ne signalera jamais assez l'hétérogénéité du fonctionnement des juridictions et de l'accueil de certains avocats "de l'extérieur".

A cela, rappelons que le degré de stress et d'anxiété varie selon beaucoup de critères, notamment l'ancienneté de l'avocat.

Le jeune praticien, collaborateur ou jeune installé, peut ressentir plus de difficultés à s'adapter devant un juge inconnu.

La qualité de la défense s'en ressent-elle ?

Au contraire, l'avocat démontre souvent davantage de capacité au raisonnement juridique. Il est sur ses gardes. Il s'investit également plus émotionnellement.

Ne pouvant consciemment ou inconsciemment spéculer sur une habitude de travail, un respect informel, une connivence affirmée ou non, une quelconque routine, l'avocat face à un juge qu'il ne connait pas, se prépare à tous les scénarios.

Il compense.

A lui de faire en sorte que son client, lui, ne décompense pas.

Est-ce à dire que l'avocat qui plaide fréquemment dans des tribunaux différents, variés, présente des risques psychosociaux majorés ? La réponse est probablement positive si des parades ne sont pas prises. Ces dernières varieront suivant la personnalité du praticien.

C'est donc un aspect des RPS des avocats à prendre en considération parmi tellement d'autres, il faut bien le reconnaître.

SAVOIR REFUSER UN DOSSIER POUR EVITER LES RPS

"C'est la faute à la trésorerie, si elle n'avait pas été si basse…"

C'est l'engrenage. Un besoin de rentrer des honoraires. Un dossier technique, une matière que l'avocat ne connait pas, ou peu, ou qu'il a oubliée, pire qu'il n'a jamais pratiquée.

Il se dit que quelques coups de fil vont le sortir de cette impasse. Il connait des confrères et consoeurs qui sont a priori fins connaisseurs, sympathiques, et aidants, si confraternels.

Mais personne ne prend le temps vraiment de se plonger au fond du dossier.

Ce n'est pas le leur.

Il y a bien la sous-traitance, comme bouée de sauvetage, mais l'avocat qui a un savoir-technique, n'en a que faire de devenir un sous-traitant.

Et puis certains sous-traitants risquent d'être dans une posture de mendicité de dossiers encore plus dangereuse.

Même si la trésorerie est exsangue, il faut savoir référer un dossier à un avocat qui connait le sujet.

S'aventurer dans un domaine inconnu majore le stress et les risques de s'embourber.

Faire ce qu'on sait faire et pour le reste, s'organiser, mais avec du temps et jamais sous la contrainte financière.

Précepte pour colmater une source de stress très largement répandue, la pêche aux dossiers dont on ne connait rien.

Les RPS guettent assurément les praticiens qui commettent ces erreurs graves. Ce ne sont pas d'ailleurs forcément les plus jeunes et les débutants.

LES GROUPES BALINT FACE AUX RPS

Michael Balint (1896-1970), psychiatre et psychanalyste britannique d'origine hongroise, a conçu ses séminaires pour les professionnels de la santé, notamment les médecins généralistes.

Il est auteur de multiples travaux, notamment en 1960, d'un livre « le médecin, son malade et la maladie ». Son œuvre n'est pas si facile à appréhender.

Mais certains avocats n'hésitent pas à adapter ses préceptes.

Ainsi au Barreau de Paris, un groupe a mis en place des actions s'inspirant des techniques de Michaël Balint. Ces actions peuvent vraiment contribuer à prévenir certains RPS.

La psychanalyste Dominique-Alice Decelle explique, dans une vidéo publiée sur le site du groupe Balint du Barreau de Paris, que de telles actions aident les avocats à comprendre leur implication personnelle et la manière dont ils incarnent leur rôle professionnel.

Elle précise qu'il ne s'agit pas d'un travail psychanalytique. Ces réunions permettent d'explorer les difficultés ou obstacles de leur exercice professionnel qu'il s'agisse d'un blocage dans la relation avec un client, un confrère ou un magistrat.

A chaque réunion du groupe, un cas est exposé par le confrère qui le souhaite.

« Après l'avoir attentivement écouté, les participants réagissent et une discussion s'engage sous l'égide d'un animateur psychanalyste. L'échange alterne questions et réponses, non sur les techniques juridiques, mais sur la compréhension de ce qui peut freiner la solution au problème rencontré.

Nous allons par exemple ressentir une empathie évidente par rapport à ce qui arrive à tel client, au point de nous identifier à lui et à sa cause ou, au contraire, éprouver une antipathie insurmontable.

De même, nos clients peuvent développer à notre égard, un type de relation que nous maîtrisons mal, fait, soit d'attente excessive, ou d'inquiétude, voire de défiance, en dehors de toute justification.

La posture professionnelle et la question des limites vis-à-vis du client, ne pas être distant mais ne pas se laisser envahir se posent.»

L'association Balint Avocats a été créée en 2004. Mais le premier groupe d'analyse de la pratique professionnelle remonte à 2001. En janvier 2004, cette pratique a été même agréée par l'EFB.

Rappelons les divers thèmes qui ont été soumis aux groupes d'avocats pour se faire une idée précise des préoccupations.

En octobre 2006, le séminaire porte sur le thème de l'avocat et l'argent, une question taboue. En décembre 2007, le thème est le client difficile, une relation à analyser. En février 2009, les échecs qui nous affectent. En 2011, les risques du métier. En 2012, faut-il répondre à toutes les attentes de nos clients ? Le montant de mes honoraires est-il fonction de notre état d'esprit. Les colères de nos clients deviennent-elles les nôtres ? Nos solutions s'imposent-elles à nos clients ? En 2013, l'avocat aliéné par son agenda. La reconnaissance du client est-elle une attente légitime ? Nos relations avec nos clients et nos confrères sont-elles influencées par le fait que nous soyons des hommes et des femmes ? En 2014, l'avocat et la solitude. L'avocat et ses peurs : l'erreur, l'échec, les échéances. Ecouter ou parler : savoir, faire, silence. Lorsque vous perdez une affaire, vous sentez-vous coupables ? En 2015, l'avocat, sa représentation de sa mission et le besoin de client. Un outil au service des avocats : la reformulation. Les fausses urgences qui nous envahissent. Sympathie et empathie pour le client : savoir faire la différence. En 2016, l'art du questionnement et de la reformulation. La bonne distance avec le client. Oser demander de l'argent à son client. Identification des besoins du client. En 2017, que faire des émotions de nos clients ? Avez-vous honte de transiger ? La perte de points de repère. Comment réagir face à un client qui nous déstabilise ? La bonne solution pour nous est-elle bonne pour nos clients ?

En 2019, inspirer confiance à son client : un numéro de séduction, de héros, de sauveur, ou une approche professionnelle de son problème. Le psychanalyste est-il à même d'aider à éclaircir l'avocat dans sa relation aux acteurs de justice et sa manière de travailler ? L'avocat est-il débiteur d'une obligation de résultat ? Nous sommes-nous heurtés à une attente et/ou à une incompréhension du client, lequel n'a pas voulu régler nos honoraires ? Si oui, pourquoi ? Comment avons-nous géré la situation ? Les colères de nos clients deviennent-elles les vôtres ? Quelle distance nous donnons-nous avec nos clients ? Comment repérer sous les demandes primaires, les vraies demandes de nos clients ? L'épuisement professionnel : vous avez pris des vacances, ressentez-vous de la culpabilité ? Vous n'en avez pas pris, vous sentez-vous exsangue ? Et si on parlait de harcèlement ?

Nous constatons que les thèmes sont très complets et balaient allègrement nombre de cas générant des RPS.

Une des questions serait de savoir si nous pouvons constituer un groupe Balint et l'animer à distance, en visioconférence, lors des pandémies comme celle de la Covid-19 ou lors des restrictions de circuler.

Serait-il possible de mixer les groupes avec des magistrats ? Ou avec d'autres professionnels-partenaires de la justice ? Rien ne l'empêche.

Les groupes Balint expriment une richesse d'expression sur des thèmes fondateurs de la profession d'avocat.

SOURCES

Site de l'association Balint Avocats – http : // balintavocats.com
Vidéo youtube du 16 mai 2019 avec la psychanalyste Dominique-Alice Decelle et l'avocat Stéphane Fertier.

LE MENTORAT

Le mentorat au sein de la profession d'avocat n'est pas un concept nouveau.

Mais tout dépend de son organisation. Il peut avoir un très grand impact sur la gestion des risques psychosociaux.

Prenons l'exemple du Barreau de Montréal et du Jeune Barreau de Montréal (JBM).

Le mentorat, organisé par le Barreau de Montréal et le Jeune Barreau de Montréal, consiste à jumeler des avocats afin de créer une relation d'entraide d'une durée minimale de six mois. Bref, à établir des binômes permettant d'interagir pour aboutir à une meilleure pratique professionnelle.

Que nous dit-on sur les sites des deux organisations ?

Le Barreau de Montréal et le Jeune barreau de Montréal présentent le mentorat comme une relation personnalisée de transfert des connaissances et de compétences dans une perspective de développement professionnel.

Le mentorat doit permettre aux membres d'acquérir, de maintenir, de mettre à jour, d'améliorer et d'approfondir les compétences professionnelles et déontologiques liées à l'exercice de la profession.

L'objectif est de briser l'isolement, de répondre à des interrogations liées à la pratique du droit que tout avocat peut avoir, peu importe le nombre d'années de pratique, et de guider les plus jeunes avocats dans la pratique du droit.

Précisons que l'essence du mentorat n'est pas réservée aux plus jeunes ou aux moins expérimentés. Un jeune avocat connaissant bien une matière peut apporter beaucoup à un avocat senior confronté à des problématiques juridiques nouvelles pour lui.

Par ailleurs, la solitude et l'isolement ne sont pas l'apanage des jeunes. Les seniors, en proie à des conflits avec leurs associés, souffrant de RPS divers, de technophobie, peuvent avoir recours au mentorat pour leur plus grand intérêt.

Concrètement, un avocat, de plus de cinq ans de pratique, agit à titre de « mentor » envers un confrère ou une consoeur « le mentoré », lui permettant entre autres de bénéficier d'un réseau de contacts, de recevoir des conseils ou simplement d'obtenir un autre point de vue au niveau de la pratique professionnelle.

La relation qui s'établit est des plus valorisante et offre une image positive d'entraide, non seulement au sein de la communauté juridique, mais aussi à toute la population, lit-on sur le site du Barreau.

Notons alors la recherche de l'amélioration d'une image collective de la profession, ce qui n'est pas vain.

Les mentors peuvent, notamment, être appelés à répondre à certaines questions pratiques et éthiques.

Ce qui est incitatif, c'est que conformément à l'article 4 du Règlement sur la formation continue obligatoire des avocats, la participation, à titre de mentor ou de mentoré, à une activité de mentorat peut constituer une activité de formation reconnue, participant à l'obligation de formation continue.

Jeunes et moins jeunes peuvent donc discuter de sujets aussi variés que "établir un réseau de contacts, développer les affaires, la concilation travail-famille, développer et améliorer ses habilités interpersonnelles".

Par contre, nous explique-t-on, le service n'a pas pour objet de permettre aux mentorés d'obtenir des conseils juridiques ou de l'aide pour la recherche d'emploi.

Mais des avis, des conseils sur une stratégie juridique sont possibles. Tout est dans la nuance. On en déduit que des introductions ou des orientations pourraient faciliter l'intégration professionnelle. Parce que cette dernière dimension reste fondamentale. Un jeune praticien met parfois beaucoup de temps, si sa famille n'est pas du sérail juridique, à être intégré dans la communauté des avocats.

« Le mentorat requiert une série de rencontres, par exemple à l'heure du lunch ou après les heures de bureau, afin de prendre le temps de discuter de sujets qui préoccupent le mentoré. Il est suggéré de fixer, dès le début, des dates de rencontre une fois par mois. C'est ainsi que sont présentées les choses, mais rien n'empêche de s'organiser autrement. Le barreau suggère aux mentors et aux mentorés de s'ajuster ».

Il est intéressant aussi de rappeler que les mentorés peuvent guider vers certains mentors, aux qualités particulières, tel ou tel autre jeune ou moins jeune praticien.

Parmi les mentors, des personnalités émergent, attractives, pionnières.

C'est tout l'intérêt de ce système, reposant incontestablement sur la générosité et le partage mais aussi le talent.

Le Barreau de Montréal propose un Guide du mentor bien utile, servant de soubassement. L'idéal serait de le compléter avec des témoignages et un rapport annuel. Tout cela viendra nécessairement le moment venu. Bien sûr, la confidentialité de tous les participants est normalement requise mais rien n'interdit aux protagonistes d'un commun accord d'exprimer leur satisfaction et de faire des debriefings permettant aux autres de progresser.

Le Barreau de Montréal et le Jeune Barreau de Montréal lancent le projet d'une application mobile pour moderniser le service de mentorat.

La nouvelle application mobile ÉLO permet le jumelage mentor /mentoré directement via l'application.

Les deux Barreaux précisent que les places sur l'application étant limitées pour le projet pilote, *la priorité* est offerte aux jeunes avocat.e.s à titre de mentoré. On n'en sait pas plus au niveau des conditions.

Le mentor et le mentoré doivent être membres de l'Ordre, d'un autre barreau ou de la Chambre des notaires du Québec. C'est une disposition intéressante qui permet de se faire accompagner par un professionnel extérieur au barreau. Sortir d'un milieu professionnel consanguin n'est pas plus mal.

Notons aussi l'existence du babillard Alter Ego mis en place au Barreau de Montréal qui vise à favoriser le jumelage entre avocats pour la réalisation de mandats ponctuels.

Nous avons pris l'exemple du mentorat tel qu'il est développé au Québec mais cette forme d'aide professionnelle se développe dans quantité de pays, notamment les Etats-Unis.

La London Young Lawyers Group (LYLG) établit aussi un plan de mentorat pour les années 2020-2021. Le groupe a mis au point un Mentoring Guidelines avec une application. Les objectifs rejoignent ceux du Barreau de Montréal.

Reste à être en mesure d'évaluer l'efficacité de ces initiatives sur les risques psychosociaux des avocats mais forte est la chance d'améliorer la vie professionnelle et personnelle des praticiens. Le système ne coûte rien, et humainement, reste un des plus prometteurs. La Bâtonnière du Barreau de Montréal, Me Robin Schiller, a inclus dans son plan de match la nécessité de répondre aux besoins de santé mentale et de mentorat.

Parmi probablement beaucoup d'autres exemples dans le monde, signalons le groupe français Facebook intitulé "L'entraide des étudiants en droit", administré notamment par Julien Rivet. Un programme de mentorat est proposé. C'est d'ailleurs une excellente initiative, les bonnes techniques visant à limiter les risques psychosociaux devant être appliquées au plus tôt chez les étudiants en droit.

SOURCES

Barreau de Montréal – Guide sur le mentorat publié par le service de la formation continue du Barreau du Québec – Rubrique sur le mentorat sur le site du barreau

Site du Jeune Barreau de Montréal
Communiqué de presse du 1 mai 2020 du Jeune barreau de Montréal
Magazine Jeune Barreau de Montréal – Extra Judiciaire – aout 2020 – Modernisation du service de mentorat – Un projet pilote en action – page 4
Mentor scheme et Mentoring Guidelines de La London Young Lawyers Group (LYLG)
Règlement sur la formation continue obligatoire des avocats du Barreau de Montréal
Groupe français Facebook « L'entraide des étudiants en droit » Mentorat –Julien Rivet

LE COUNSELLING

Le counselling a différentes formes, consistant à préparer, à accompagner, à orienter, à aider, à informer, à soutenir, à traiter certaines difficultés. Il peut s'apparenter au mentorat.

Le counselling chez les avocats se définit comme une relation dans laquelle un avocat, tente d'aider un autre, plus jeune, la plupart du temps, débutant, à s'adapter et à progresser.

La définition est séduisante mais la pratique est complexe. Il faut une relation privilégiée, un degré de confiance suffisamment fort pour se confier et une parfaite confidentialité.

Le counselling peut ne pas être effectué par un avocat senior. Etre imprégné et au fait des nouvelles technologies, percevoir les enjeux, sont parfois l'apanage d'avocats juniors. L'idéal est de constituer un groupe de professionnels d'âge différent et d'expériences diverses.

Une solution consiste à trouver un pair appartenant à un autre Barreau, mais le processus reste le même, l'étape de la rencontre et la consistance du lien qui ne sauraient s'improviser. Personne ne se confie à un inconnu, concurrent potentiel ou avéré, de surcroît.

Là réside le secret d'une intégration au sein du Barreau, voire au sein de la profession, via une activité associative, syndicale et la capacité d'identifier alors des confrères ou des consoeurs avec lesquels certaines affinités sont potentielles.

CE QUE PENSE STEVEN LAUREYS DU YOGA ET DE LA MEDITATION

Et si la méditation, moyen de prévention à la fois primaire et secondaire, permettait de lutter efficacement contre les effets des RPS subis par les avocats ?

Qu'en pensent d'autres professionnels d'autres disciplines connues pour leur stress ?

Steven Laureys, neurologue, professeur de clinique au département de neurologie du CHU de Liège, patron du Coma Science Group, chercheur sur la conscience, déclare que « Plutôt que de prendre des médicaments, des calmants ou de commencer à boire, c'est à travers le yoga que j'ai pu prendre conscience de cette petite voix intérieure ».

La méditation, « ce n'est pas quelque chose d'ésotérique, ça peut améliorer vos émotions, l'attention, et on le voit avec nos machines. On va le sentir subjectivement et les machines vont voir que notre cerveau, la matière grise, les connexions, le fonctionnement changent. Donc ça vaut la peine. »

Reste à trouver la méthode qui convient le mieux à la personne. Car définir la méditation, c'est comme essayer de définir « le sport », tempère Steven Laureys.

Pour lui, cela peut commencer simplement par une attention portée à notre respiration. « Juste prendre une bonne inspiration permet de reconnecter.

Focaliser sur sa respiration, c'est très simple et aussi puissant. On peut en avoir besoin dans un monde où on est sur-stimulé, stressé. »

On peut conseiller de lire les livres des psychiatres Christophe André et Boris Cyrulnik relatifs à la médidation.

SOURCES

Laureys Steven dr - La méditation, c'est bon pour le cerveau - septembre 2019 - Odile Jacob
Voir tous les ouvrages de Christophe André et Boris Cyrulnik traitant de la méditation

LES SEANCES DE MEDITATION DE L'EX AVOCATE JEENA CHO

La méditation est un moyen de parer aux risques psychosociaux. Certains ex-avocats américains en font une activité professionnelle et proposent des parades intéressantes.

Jeena Cho est de San Francisco.

Ex assistante du procureur, ex avocate, mais surtout ex-victime du stress et de troubles anxieux inhérents à la profession d'avocat, elle est co-auteur avec Karen Giffort du livre "The Anxious Lawyer, AN 8-week guide to a joyful and satisfying law practice though mindfulness and meditation".

Jeena Cho indique sur son site (smile@theanxiouslawyer.com) que c'est le premier livre sur ce sujet publié par the American Bar Association.

Le champ d'investigations de Jeena Cho est celui des risques psychosociaux et de leurs conséquences psychologiques. « I teach lawyers to harness the power of mindfulness to decrease stress and anxiety while increasing focus and concentration. I have special insights into what lawyers go though because I am a lawyer".

Les programmes mis en place par Jeena Cho permettent d'apporter certaines réponses aux questions les plus courantes telles : "Are you feeling burned out ? Overwhelmed ? Constantly stressed and anxious, perpetually pressed for time, lack focus and concentration ».

Jeena Cho propose des entretiens à distance, des mises en situation ainsi que des stages.

Tant le blog que le compte twitter, d'excellentes qualités, avec des publications très fréquentes, encouragent les professionnels du droit à accepter une prise en charge, reposant essentiellement sur le lâcher prise et la méditation. Jeena Cho encourage la déstigmatisation et une prise en charge précoce.

SOURCES

@AnxiousLawyer
Cho Jeena – Gifford Karen – The anxious lawyer : an 8 – week gude to a joyful and satisfying law practice through mindfulness and meditation
Blog jeenacho.com

FAIRE FACE AUX RPS AVEC DES TECHNIQUES DE REPERAGE

Faire un carnet de bord, tenir un journal de ses troubles, sont conseillés.

Depuis le dernier mois, que puis-je observer comme variation physique ou comportementale ?

Quels sont les signes ?

Mal de dos, maux de tête, troubles du sommeil, troubles digestifs, baisse ou augmentation de l'appétit, troubles musculaires, articulatoires, augmentation de la consommation de substances, café, cigarettes, médicaments, alcool, drogues, baisse ou augmentation de la libido, pratique du sport ou réduction, voire interruption, diminution ou interruption des activités habituellement suivies, fréquences des sorties, réseaux d'amitiés...

Parmi ces dysfonctionnements sociaux et ces troubles physiques, certains sont-ils devenus récurrents ou certains ont-ils empiré ?

Si la situation est perçue comme se dégradant, consulter un spécialiste est conseillé. Mais lequel ?

La question est de savoir si les professionnels de santé connaissent l'environnement des avocats. Quelques questions ciblées sur Twitter en direction de professeurs de psychiatrie français sont restés sans réponse, le sujet n'étant probablement même pas un sujet.

Les avocats peuvent contribuer à former des professionnels de santé dédiés à leurs difficultés, en leur soumettant des rapports de synthèse ou des précisions sur les conditions d'exercice de la profession.

Les ordres des avocats peuvent aussi passer des conventions avec des médecins du travail.

En toutes hypothèses, ce qui se fait en France, est insuffisant. L'image d'une profession forte et exempte de problèmes pour régler ceux des autres reste malheureusement la plupart du temps celle qui est montrée au public.

LA RECONVERSION DES AVOCATS

En France, et dans bien d'autres pays, des avocats quittent le barreau chaque année. Nous ne disposons pas de statistiques ou d'éléments fiables pour connaitre leurs raisons, leur destinée, leur parcours.

Il est impossible de faire des comparaisons entre les pays, en l'absence de travaux précis sur la question. Une enquête approfondie est nécessaire.

Evidemment, il y a bien souvent un lien entre les risques psychosociaux qui dévastent la profession et le départ de la profession. Le rapport de Kami Haeri sur l'avenir de la profession en France, datant de février 2017, évoque la question.

Ne faudrait-il pas parler dans certains cas de conversion au lieu de reconversion ?

Beaucoup d'articles paraissent sur le sujet, alimentant le thème de la difficulté de l'avocat à démarrer, à percer mais aussi à durer dans une profession usante et précaire où rien n'est jamais acquis. Partir de la profession, c'est se faire omettre ou démissionner.

Le fait générateur de l'omission ou de la démission du barreau est fondamental. On exclut bien sûr dans ce chapitre les radiations qui répondent à d'autres comportements et à d'autres contextes.

Quitter le barreau via une omission ou une démission, en dehors donc d'une radiation, peut constituer un souhait ou une obligation.

Une reconversion peut ainsi être mise en place, à un moment parfaitement choisi, pour embrasser un autre champ professionnel.

Une reconversion peut aussi s'imposer à la suite d'un accident, d'une maladie, d'un cabinet qui ne marche pas. Le départ de la profession peut être brutal. Cette soudaineté est synonyme bien souvent d'une absence de préparation.

L'état d'esprit est totalement différent suivant l'étiologie du virage professionnel.

Ou la reconversion est choisie au bon moment, ou elle est subie et la plupart du temps, au mauvais moment.

Le sentiment de déclassement social relève d'une perception individuelle, du motif de la conversion et du succès ou non à rebondir.

Le tout est de ne pas penser absolument à conserver certains avantages bien spécifiques du métier d'avocat mais à capitaliser si possible les ressources intellectuelles acquises pendant l'exercice du métier d'avocat.

Les secteurs investis par les avocats, souhaitant se réorienter, sont très divers tant dans le domaine du salariat que de l'entrepreneuriat.

Les avocats peuvent occuper certains postes de salariés dans le domaine juridique. D'autres professions juridiques libérales, notaires, huissiers, administrateurs judiciaires, accueillent aussi les avocats.

Les titulaires du CAPA, après une expérience au barreau, occupent des postes de juristes d'entreprises et de directeurs juridiques.

Certains intègrent la magistrature. Le rapport Perben datant de août 2020 évoque la possibilité d'organiser un concours professionnel pour intégrer la magistrature. D'autres enseignent le droit, en France ou à l'étranger. D'autres deviennent journalistes juridiques. D'autres font de la politique locale ou nationale.

Quitter le barreau, c'est quitter la pratique du droit sous l'angle juridique et judiciaire du conflit. Mais cela ne signifie absolument pas quitter le monde du droit.

Quitter le barreau peut au contraire renforcer la passion du droit, l'appréhension de ce dernier étant alors plus intellectuelle et déconnectée des réalités économiques, financières et d'un certain corporatisme.

Il y a par conséquent une continuité intellectuelle.

Ce passage d'un secteur juridique à un autre ne bouleverse pas forcément la vie de la personne.

D'autres avocats reprennent des études, parfois dans des disciplines totalement différentes comme la médecine. La personne surseoit alors à embrasser un autre domaine, choisissant une filière lente de reconversion avec des paliers, une formation puis des stages, et ce, sur la durée. La difficulté et la rigueur du parcours valorisent l'individu.

Certaines difficultés peuvent surgir lorsque certains changent radicalement de monde professionnel en faisant du one man show, en devenant viticulteur, promoteur immobilier, architecte d'intérieur, naturopathe, coach, créatrice de mode, influenceuse sur Instagram. Toutefois, certains parcours sont étonnants, exprimant l'accomplissement de passions préexistantes. Citons les ex avocates Kee-Yoon-Kim et Caroline Vigneaux, menant leur carrière de one man show.

On relève l'importance alors d'une bonne orientation et probablement de l'exigence de mieux informer les étudiants en droit des spécificités du métier d'avocat. Les étudiants ne doivent pas céder à une mode de devenir avocat mais respecter leurs véritables vocations.

Le pire est de ne pas sauter le pas de la reconversion et de subir la profession. Combien souhaitent faire autre chose mais ne pas gaspiller leur savoir, ne prendre aucun risque et garder leur image sociale toute artificielle bien souvent ?

Certains avocats s'ennuient. Ils constatent qu'ils ne progressent plus, engoncés dans l'administratif, assistant aux querelles de leurs pairs, aux rivalités, aux égos surdimensionnés.

Cette lassitude n'est pas un bore out. Mais la répétition des actes, la standardisation, la ritualisation peuvent mener à une certaine forme de bore out.

L'avocat a l'impression d'avoir fait le tour de son métier, en constatant que l'inertie est réelle, que rien n'évolue à part la dégradation progressive des conditions de travail et une déshumanisation avec une dématérialisation que rien ne stoppera.

L'avocat éprouve le sentiment que l'énergie du monde est ailleurs que dans une salle d'audience, où les rituels survivent génération après génération.

Force est de constater qu'il n'existe pas d'accompagnement à la reconversion dans les barreaux. Aucun bilan de compétences n'est proposé. Par contre, d'ex avocats ou des psychologues proposent des formations visant à faciliter la reconversion.

Lorsque l'avocat quitte le barreau, il disparait souvent des radars, sauf si il embrasse une autre profession juridique et qu'il publie par exemple des articles. Sa présence sur les réseaux sociaux lui assure une visibilité, voire une notoriété. Il a du temps pour écrire, partager son savoir, s'imposer dans certains secteurs, prendre du recul.

Une conversion ou reconversion se prépare étape par étape. Rien ne doit s'improviser. Dans la plupart des cas, les revenus seront inférieurs, du moins au début. Il faut se préparer à un autre style de vie. Si l'avocat est endetté, que son niveau et son style de vie dépendent de son niveau de revenus, il éprouvera des difficultés à réunir liberté de choix et flexibilité. Il restera avocat par défaut.

Le temps de l'avocat est inscrit dans l'urgence. Cesser une activité d'avocat relève de la mise en place d'un sevrage. Il faut s'attendre à un manque et à une véritable désintoxication. C'est d'autant plus vrai quand l'avocat a revendu sa clientèle, que le cabinet survit à son départ, qu'il est en pleine santé. Des regrets peuvent se faire jour à travers la nostalgie d'une vie matérielle plus facile. L'avocat peut idéaliser a postériori ses anciennes fonctions. Mais il suffit qu'il discute avec ses anciens confrères pour évaluer la difficulté croissante de l'exercice du métier et relativiser les regrets.

Il est préférable de ne pas faire de coupure totale avec le monde ancien, celui du barreau, de garder des contacts positifs, de ne pas le rejeter, de ne pas penser négativement à un univers passé mais au contraire, à faire fructifier une expérience considérée comme unique.

Si l'avocat reste dans le périmètre du droit, le potentiel très fructueux retour au barreau peut évidemment s'effectuer avec un recul face à un marché du droit. Il signifie la mise en pratique d'autres méthodes, la possibilité de s'investir dans une niche, d'utiliser un réseau, de nouvelles compétences. Un avocat reconverti, de surcroît pendant une période limitée, n'est pas un repenti.

Si l'avocat est devenu viticulteur ou libraire spécialisé en livres de collection, le milieu du droit lui semblera quelque peu étranger, tout simplement parce qu'il sera dépassé. Mais il pourra revenir dans le monde du droit, tout est volonté.

La tragédie du non-choix, l'absence de contrôle sur sa vie, la tergiversation à changer, la procrastination, font de l'exercice du métier d'avocat une condamnation, un dépit. Là est le vrai danger.

Il est utile d'intégrer que les avocats exerceront plusieurs métiers dans leur vie. La formation initiale et continue est essentielle. Une offre de formations à destination des avocats, beaucoup plus transversale, intégrant l'apprentissage au moins de l'anglais professionnel, répond à un besoin de préparation à occuper d'autres postes en lien ou non avec le droit.

Au Québec, les articles de Gabriel Poirier dans la bibliographie ci-dessous, montrent la mobilité des avocats de souche vers le secteur public, ce qui est beaucoup plus difficile en France. L'interpénétration secteur privé secteur public parait plus naturelle au Québec, avec une meilleure reconnaissance de la formation d'avocat qu'en France.

Une chose est certaine, la confiance en soi, l'estime de soi, l'absence d'auto-dévalorisation, l'absence de dénigrement **de la** profession, l'évitement de toute idéalisation, permettent d'aborder un autre monde professionnel.

Car là reste le secret, la capacité de créer et de s'adapter forge le succès d'une reconversion. Un avocat souffrant de risques psychosociaux divers devra d'abord les reconnaître et trouver une solution pour les éradiquer, sinon au moins les atténuer. A défaut, toute reconversion s'avère aléatoire et risque d'échouer.

D'abord se soigner, ensuite se reconvertir, c'est cet ordre qui devrait s'imposer. Mais qui le dit ?

SOURCES

Wosiak Maroussia – Quitter la robe : l'étonnante épidémie de reconversion des jeunes avocats – avril 2018 – Slate.fr
Le Nevé Soazig - Les jeunes avocats sont tout sauf des nantis : après l'école du barreau, le côté précaire de la robe - Le Monde Campus - 18 mars 2020 -
Friedman Chlóe « Jeunes avocates au bord de la crise de nerfs » 4 juin 2019 / Le figaro /
rapport de Kami Haeri sur l'avenir de la profession d'avocat, rapport datant de février 2017
Claire Dupuis-Surpas et Olivier Cléach, « Avocat un jour, avocat toujours ? », Recherches sociologiques et anthropologiques - juillet 2018
De la Pallière Anais – La face cachée de la robe – Michalon 2019 -

Laurin-Desjardins Camille - De Stikeman à cycliste professionnelle !– L'avocate Luce Bourbeau retourne au vélo. 24 juillet 2020

Bourgeois Marina « Oser rêver sa carrière » - Dana, d'avocate à photographe – janvier 2020

Bourgeois Marina « Oser rêver sa carrière » - Stéphanie, d'avocate à décoratrice – février 2020

Bourgeois Marina « Oser rêver sa carrière » - Lilas Louise – De l'avocature à la formation – janvier 2020

Bourgeois Marina « Oser rêver sa carrière » - D'avocate à entrepreneure, portrait de Margerie – octobre 2018

Bourgeois Marina « Oser rêver sa carrière » - D'avocate à naturopathe, portrait de Cécile – juillet 2018

Poirier Gabriel – une pluie d'avocats – Droit INC – 24 août 2020

Poirier Gabriel - une pluie d'avocats dans la fonction publique - Droit INC - 3 septembre 2020

"L'ex avocate Kee-Yoon Kim plaide la cause de la comédie" - Le Parisien - 30 janvier 2017

Rapport Perben - août 2020

Laurin-Desjardins Camille - Encore cinq nouveaux juges !- Droit-INC - 10 septembre 2020

Andraos Myriam - Pourquoi j'ai quitté la profession d'avocat - Droit-INC - 7 octobre 2020 –

CONCLUSION

Au terme de ce guide trop court, très sélectif et bien sûr très incomplet sur un thème quelque peu nié voire refoulé par nombre de praticiens, toute conclusion serait paradoxalement de s'abstenir de conclure.

Chaque avocat nourrit sa propre conception de son métier et de ses risques.

Richard Susskind, parmi beaucoup d'autres penseurs de la profession d'avocat, nous invite à imaginer un avocat numérique avec des fonctions nouvelles.

Alors, comment concevoir les RPS de l'avocat de demain et organiser la lutte ? Défi fantastique car l'avocat de demain aura des caractéristiques probablement multiples.

L'avocat ne peut se définir sans s'adapter aux clients, qui eux aussi, évoluent.

A quoi ressemblera le client de demain dans une société post-Covid ? Répondre aux besoins et les anticiper conditionnent la réussite d'un cabinet d'avocat.

N'oublions pas en toute priorité que l'avocat dépend des autres protagonistes oeuvrant dans le secteur juridique et judiciaire, notamment les magistrats et les greffiers, eux aussi en piteux état, du moins en France.

Les progrès ne se feront que si toutes les professions du droit, interdépendantes, relèvent les défis des RPS. Pour le moment, les troupes sont en ordre quelque peu dispersé.

L'intelligence artificielle fascine. C'est certain. Mais sait-on vraiment que le cerveau est toujours le seul à décider et à siffler la fin de la partie lorsqu'il est mal ou trop sollicité ?

A suivre...

15 Octobre 2020
Vincent Ricouleau

Printed in France by Amazon
Brétigny-sur-Orge, FR